LE

TONKIN FINANCIER

SON AVENIR

COMMERCE, DÉBOUCHÉS

INDUSTRIE, MINES, CHARBONS

CRÉDIT, FINANCES

INDO-CHINE FRANÇAISE

CONCLUSION

ÉTUDE ÉCONOMIQUE

Publiée dans le journal financier l'Économie-Revue

PROPRIÉTÉ EXCLUSIVE DE M. EDGARD CIRCAUD, BANQUIER

9, rue du Louvre, PARIS

PARIS

IMPRIMERIE BOULLAY

9, COUR DES MIRACLES, 9

1891

LE
TONKIN FINANCIER
SON AVENIR

COMMERCE, DÉBOUCHÉS

INDUSTRIE, MINES, CHARBONS

CRÉDIT, FINANCES

INDO-CHINE FRANÇAISE

CONCLUSION

ÉTUDE ÉCONOMIQUE

Publiée dans le journal financier l'Œconomie-Revue

PROPRIÉTÉ EXCLUSIVE DE M. EDGARD CIRCAUD, BANQUIER

9, rue du Louvre. PARIS

PARIS

IMPRIMERIE BOULLAY

9, COUR DES MIRACLES, 9

1891

ÉTUDE ÉCONOMIQUE SUR LE TONKIN

Publiée par le journal financier l'Économie-Revue

Propriété exclusive de M. EDGARD CIRCAUD, banquier, 9, rue du Louvre, Paris

LE TONKIN FINANCIER

Nos lecteurs savent que notre seule préoccupation est de leur signaler, d'après des renseignements puisés aux meilleures sources, aussi bien les embûches contre lesquelles ils doivent se tenir en garde, que les occasions d'emplois judicieux et rémunérateurs de capitaux.

Nous n'avons aucun parti pris, nous ne sommes inféodés à aucune coterie. Notre impartialité, nous ne saurions trop le répéter, est absolue.

Cette indépendance nous laisse libres dans nos études, dans nos éloges comme dans nos critiques ; à nos lecteurs le soin de juger et d'apprécier.

C'est dans cet esprit que nous allons, en quelques articles, aborder l'examen de la valeur d'une de nos colonies, jusqu'ici très discutée.

Il s'agit du Tonkin.

Un fait nouveau et imprévu vient de se produire.

La Chambre, en adoptant l'ensemble des crédits pour le Tonkin, vient de consacrer définitivement notre conquête.

Le Tonkin existe donc officiellement. Plus d'évacuation à craindre ; toute incertitude cesse.

Devant cet événement, dont les conséquences n'échapperont à personne, l'étude financière de ce pays s'impose, et nous voulons être les premiers à l'entreprendre.

NOTA. — Cette étude a été publiée dans le journal financier *l'Économie-Revue* dans les numéros des 5, 15, 25 décembre 1890, 6, 15 et 25 janvier 1891.

Loin de nous l'idée de rappeler les luttes, les rivalités, les haines dont cette terre a été la cause ou le prétexte.

Traitant ce sujet de haut, nous passerons l'éponge sur le passé pour n'envisager que l'avenir ; nous oublierons à dessein les fautes commises et les responsabilités encourues. Il ne nous appartient pas de rechercher si notre occupation eût pu coûter moins de sang, moins d'argent. Tous ces faits, toutes ces questions, douloureuses aujourd'hui, ne prendront que peu de place dans l'histoire.

Il s'agit maintenant, pour tous, de savoir si le Tonkin, dont il a été dit tant de mal, dont il a été raconté tant de merveilles, est un gouffre pour les capitaux hardis, ou bien si, comme on l'a dit en pleine tribune, il est appelé à nous dédommager en partie de la perte de notre empire des Indes.

Notre but unique est d'énumérer toutes les ressources du pays, de les discuter les unes après les autres, et d'en déterminer la valeur. Nous rechercherons enfin quel emploi et quel rémunération elles offriraient aux capitaux qui pourraient s'y engager.

L'étude que nous nous proposons sera donc exclusivement économique.

Après avoir passé en revue avec nous le Tonkin, au triple point de vue financier, commercial et industriel, nos lecteurs se seront fait une opinion précise et pourront conclure eux-mêmes. Nous accepterons d'ailleurs tous les concours, toutes les controverses.

Pour cette publication, nous nous entourerons des documents les plus indiscutables, des renseignements les plus précis.

Peut-être alors germera-t-il dans le cerveau de nos lecteurs une idée féconde, lucrative pour l'épargne française, et profitable au développement colonial de notre chère Patrie ?

E. CIRCAUD,

Banquier

9, rue du Louvre, Paris

LE TONKIN FINANCIER

COMMERCE. DÉBOUCHÉS

Jusqu'à ce jour, s'est-il fait du commerce au Tonkin ? Hardiment, nous répondrons : non ! On ne saurait, en effet, désigner ainsi les opérations consistant à approvisionner *nos* troupes, *nos* fonctionnaires et *nos* compatriotes partis là-bas pour chercher fortune.

Le commerce de peuple à peuple est l'échange de leurs produits respectifs, et ce commerce là n'a pas encore été tenté.

On s'est borné à faire face aux besoins nombreux d'un corps expéditionnaire de 30,000 hommes, absorbant des quantités considérables de denrées et d'objets de toutes sortes; qu'on devait faire venir d'Europe.

Pendant le retrait successif de nos soldats, alors que la consommation diminuait, les envois ne discontinuèrent pas et créèrent des stocks, sans que nos négociants songeassent à diriger leurs efforts du côté de la clientèle indigène, ou à attirer dans leurs magasins les produits du pays.

Au moment de la conquête, de grands bazars établis à Haïphong et à Hanoï, réunissant tous les articles européens les plus divers et les plus dissemblables : vêtements et quincaillerie, bijouterie et conserves; vins, liqueurs, et galons d'or et d'argent, etc., etc., avaient les plus grands assortiments pour la vente en gros, demi-gros et détail. A l'intérieur, dans les villes secondaires, où se trouvaient des troupes de passage ou en garnison, des aventuriers ou des soldats libérés installaient des cantines pour le commerce de détail.

De nombreux Chinois ne tardèrent pas à remplacer ces négociants d'occasion, avec l'avantage de réunir dans le même magasin les objets d'Europe, et les articles de consommation indigène.

Il y eut pléthore de marchandises. Le chiffre des affaires baissa en proportion du rapatriement, et nos négociants qui comptaient sur les travaux nécessaires pour la mise en valeur du Tonkin, attendirent patiemment des jours meilleurs.

Il est vrai que les circonstances n'étaient guère favorables. Le client auquel le commerce pouvait et devait s'adresser n'avait encore aucune facilité pour venir à lui, et en profiter.

Le Tonkinois, pressuré par une administration vénale, par des mandarins avides, traqué par les pirates, désespérait de faire et de conserver des économies. Il se contentait de vivre au jour le jour, puisant dans son propre génie les moyens de pourvoir à son existence et à ses stricts besoins. La nécessité en a fait un artisan remarquable dans tous les genres et n'éprouvant pas le besoin de s'adresser ailleurs. A quoi bon travailler au-delà de l'indispensable, pour voir passer le surplus dans les mains de ses maîtres ou des pillards? Aussi constate-t-on au Tonkin ce phénomène bizarre d'un peuple pauvre dans un pays riche.

D'ailleurs, n'ayant pas de moyens rapides de transport, de communications faciles pour ses produits, pas de sécurité surtout, il n'allait point au-devant de l'acheteur. Il semble avoir philosophiquement renoncé à améliorer son sort et à rechercher un peu de bien-être.

Cette clientèle de plus de 15 millions d'habitants a donc été laissée de côté. Mais ce que l'on pourrait prendre pour de l'indifférence ou du manque d'initiative s'explique par les circonstances.

Outre les dangers de circulation, par suite de l'état de guerre ou de brigandage, qui ne laissait qu'une sécurité des plus relatives en dehors des centres de garnison, l'incertitude du lendemain, la menace d'évacuation décourageaient les bonnes volontés, s'opposaient aux longs projets.

Oh! les idées n'ont pas manqué pour sortir de cette torpeur, de cette attente énervante. Mais, parmi les audacieux, combien ont réussi ?...

Saisissons cette occasion pour donner un avis que nous croyons utile ! Là, plus que partout ailleurs, rien à faire sans capitaux. Le Tonkin n'est pas une colonie de peuplement, d'établissement définitif, comme l'Algérie, comme l'Australie. Nous sommes au Tonkin avec la même perspective que les

Anglais à Hong-Kong, à Singapore, aux Indes, pour de grandes opérations commerciales et industrielles, pour utiliser les richesses d'un pays, mal ou point outillé.

Nous estimons qu'il serait prématuré pour des petits négociants, des commerçants de détail d'y risquer, en vue d'un emploi plus fructueux, leurs modestes capitaux.

Il faut attendre les grands travaux, les grandes exploitations minières, l'arrivée des nombreux agents qu'elles réclameront, pour ne pas s'exposer à de tristes déboires. Les initiatives individuelles, quelque intelligentes qu'elles soient, qui ne s'appuient pas sur des capitaux assez sérieux pour parer aux échecs, demeureront malheureusement stériles.

D'ailleurs, les premiers arrivés sont toujours là, forts de leur expérience; et, à côté d'eux, en concurrence, se sont installés les Chinois, nos prédécesseurs au Tonkin.

Nous devons à la vérité d'avouer qu'à Hanoï et à Haïphong, si les résultats n'ont pas été très brillants, c'est beaucoup à cause de la faiblesse des ressources ou du manque de crédit du plus grand nombre. Quant à nous, nous avons lieu d'être persuadés que LE VRAI PIONNIER DU TONKIN, C'EST LE CAPITAL.

Voilà, quant au passé; envisageons maintenant l'avenir.

L'incertitude cessant de planer sur l'avenir de notre colonie, les choses nous paraissent devoir changer.

L'adoption des crédits pour liquider le passé, l'attribution de 3 millions et demi aux travaux publics pour 1891, l'augmentation rapide des recettes du budget local, le report pour 1892, au budget de la Métropole, des frais Guerre et Marine (14 millions) jusqu'ici supportés par le Tonkin, la construction des chemins de fer, l'exploitation des richesses houillères, nos communications faciles et directes avec la Chine occidentale, nous semblent autant d'éléments appelés à transformer la situation économique du Tonkin.

Sûr du lendemain, notre commerce pourra faire tous ses efforts pour prendre le contact d'une population de près de 20 millions d'habitants. Le travail fourni par diverses entreprises aura, pour premier résultat, la réduction d'abord, puis la disparition de la piraterie ou plutôt du brigandage. Assuré du riz de chaque jour, le vagabond affamé quittera vite le fusil pour la pioche ou la cognée. Avec la sécurité renaîtront la facilité et la multiplicité des échanges et des transactions.

Lorsque des routes, des chemins de fer sillonneront le pays,
et faciliteront les débouchés, les indigènes, assurés de la
vente, travailleront plus, produiront davantage et échangeront
leurs récoltes contre de belles et bonnes piastres, dont ils sont
très avides, et dont notre protectorat, maintenant bien définitif,
de par la Chambre, leur assurera la possession tranquille.
Car, ne l'oublions pas, les Annamites, mandarins et paysans,
connaîtront vite par nos journaux que traduisent les lettrés, la
nouvelle situation qui est faite au Tonkin. Comme tous les
peuples longtemps opprimés, il usera largement de cette garantie, de cette liberté de pouvoir amasser et thésauriser.
Amateur et imitateur par excellence, il s'assimilera de plus en
plus nos habitudes, et accueillera vite l'usage de nos produits.

Directement il ne faut pas nous le dissimuler, nous ne
pouvons compter atteindre le consommateur tonkinois. Mais
nous avons un intermédiaire sur place, connaissant la langue,
en rapports journaliers avec lui. Depuis longtemps familiarisé
avec les objets européens, celui-ci en a compris l'utilité, et les
a déjà adoptés pour son usage. C'est un vaste champ d'action,
sur lequel nous aurons à triompher de la concurrence anglaise
et allemande.

Ce grand agent de commerce au Tonkin, c'est le Chinois. Ce
peuple, porté aux exodes les plus lointains par ses qualités
prolifiques, par son instinct du trafic, s'est répandu dès longtemps, dans ce pays voisin du sien. Avant la guerre, les Céles-
tes échangaient contre les produits du Tonkin les produits de
la Chine. Les goûts et l'éducation similaires de ces deux peuples rendaient les rapports plus faciles. Depuis la cessation des
hostilités, qui les avaient chassés, des colonies entières sont
revenues et se sont implantées dans tous les centres populeux, rayonnant de là sur toutes les campagnes.

Par leur esprit mercantile, par l'appui de maisons établies
en Chine, par leurs qualités principales, l'économie et la ténacité, ils arrivent à accaparer toutes les transactions. Quand,
individuellement, ils ne disposent que de faibles sommes, ils
pratiquent le principe de l'association sur la plus grande
échelle, et, en réunissant leur travail et leurs aptitudes, ils
finissent par former des maisons de commerce solides et
fonctionnant parfaitement. Ils tendent même de plus en plus
à monopoliser le commerce de détail des denrées et objets

européens, en concurrence heureuse avec nos compatriotes, par suite du modeste bénéfice dont leurs faibles frais leur permettent de se contenter.

C'est donc avec eux et sur eux que nous devons compter pour populariser nos produits, non seulement au Tonkin par leurs multiples ramifications, mais encore et surtout dans la Chine occidentale, par les voies de pénétration que nos traités nous ont ouvertes.

Hanoï et Haïphong, les deux villes européennes, devront être des entrepôts, d'où nos marchandises se déverseront, par les Chinois, sur les marchés populaires des campagnes, et vers les grands centres du Quan-Tong et du Quan-Si, du Yunnan, du Se-Tchouen et du Laos.

Nous ne ferons qu'énumérer ces routes commerciales à notre portée. L'appréciation de nos rivaux, de nos devanciers en Extrême Orient, suffira à en établir l'importance.

Le Tonkin, placé entre la Chine et le Laos, se trouve à l'Est et au Nord en bordure de trois provinces chinoises particulièrement riches, mais très éloignées de la mer, dont il était jadis le passage pour les marchandises qui s'y dirigeaient. Ce transit, qui peut prendre de très grandes proportions, a recommencé. Il est d'ailleurs reconnu que le fleuve Rouge, la voie fluviale de Lao-kaï est navigable pour les bateaux plats, et les voyages du *Laokaï* et du *Yunnan* en mai 1889 et août 1890 l'ont démontré surabondamment. Le trafic par les petites jonques *dites de Lao-kaï*, est repris depuis plusieurs mois, et, ces jours derniers, 300,000 piastres (c'est-à-dire 1,300,000 francs), de marchandises sont parties, en deux convois, pour cette destination.

Il est à présumer qu'une ligne terrestre doublera le service que vont établir les Messageries fluviales d'Hanoï à Lao-kaï. Par cette voie les marchés de Manhao et de Montze nous sont ouverts, ainsi que les trois vastes provinces de Se-Tchouen, du Ke-Tcheou et du Yunnan (1).

---

(1) Extrait du *China mail* (Hong-Kong), du 12 août :

« Les journaux du Tonkin sont remplis de détails concernant le voyage d'Hanoï à Lao-kaï du steamer nouveau modèle de MM. Marty et d'Abbadie. La navigabilité du fleuve Rouge, disent-ils, a été démontrée, et tout ce qui reste à faire à la France, c'est de construire de nombreux navires à faible tirant d'eau. Le commerce du Yunnan et du Sud de la Chine leur appar-

Le chemin de fer de Lang-son (1) avance rapidement, et ne demande plus que quelques mois pour être mis en exploitation. Par là nous communiquons avec le Quan-Si, par le marché de Long-Tcheou. Haïphong rivalise avec les ports de Packoï, Hong-Kong et de Shang-Haï pour l'entrée en Chine des marchandises.

La mission Pavie a découvert et établi la voie du Laos, par la rivière Noire, vers Luang-Brabant. Il suffit de quelques jours pour atteindre cette dernière ville, et l'administration se préoccupe de faciliter, par des correspondances fluviales et terrestres, ce vaste débouché à nos produits où nous sommes sans concurrents. (2).

Nous avons des consuls à Montze et à Long-Tcheou, des

---

tiendrait ainsi sans rivalité possible. Nos impressionnables voisins sont peut-être un peu trop vifs, mais en tout cas l'importance de ce brillant succès ne peut être mise en doute.

« Quittant Hanoï le matin du 27 juillet, le *Yunnan*, steamer long de 160 pieds, large de 24 et demi et calant 2 pieds 6, est arrivé à Lao-kaï, ne naviguant que le jour, s'arrêtant la nuit, à la date du 31 juillet, après une navigation totale de quatre jours et demi. Le retour s'est effectué en seize heures. Ce n'est pas la première fois qu'un bateau à vapeur remonte jusqu'à Lao-kaï : mais c'est la première fois qu'une sérieuse démonstration est faite de la navigabilité du fleuve Rouge, pendant la saison des hautes eaux, c'est-à-dire de juillet à la fin de décembre.

« La longue route par la rivière de Canton et Paï-se, avec ses nombreux rapides, ne pourra jamais être comparée avec la facile route du fleuve Rouge. Haïphong va prendre un gros accroissement aux dépens de Canton. » (Lisez Hong-Hong.)

(1) Voici la conclusion d'un article du *Times* :

« Le chemin de fer de Lang-son est en voie d'achèvement... Ainsi les Français, au Tonkin, s'avancent avec autant d'audace que de résolution vers la conquête du commerce de la Chine méridionale.

« L'opinion de fonctionnaires désintéressés et compétents, bien placés pour juger par eux-mêmes, est qu'ils emploient dans ce but le meilleur moyen. »

(2) LE SYNDICAT DU HAUT-LAOS. — Nous recevons d'excellentes nouvelles de M. Paul Macey, le chef de la mission commerciale du Haut-Laos.

Le comptoir installé à Luang-Prabang a pleinement réussi : la vente a bien marché, les articles importés ont été vivement recherchés, et on peu de jours tout le stock destiné à Luang-Prabang s'est trouvé épuisé. L'on a même été obligé d'entamer ceux du Mékong et du Muong-lu.

M. Macey est parti le 20 juin pour la tournée du Mékong dont nous avons parlé précédemment ; il doit fonder en route des comptoirs à Nong-kaye, La-khône, Kemmarat et Bassac. Il pense être de retour à Hanoï, par Saïgon, vers la mi-septembre.

(Avenir du Tonkin).

graphiques (4,000 kil.) sont rattachées depuis peu aux lignes chinoises en ces deux points, et en un troisième de Monkai à Tong-Hing vers Canton, en communication directe par terre avec l'Europe.

Un réseau de chemins de fer à l'étude sera présenté à l'approbation des Chambres, et donnera un vigoureux élan au trafic intérieur.

Un service fluvial régulier, subventionné par le Protectorat, existe depuis trois années. Il dessert sur dix lignes les principales villes du Tonkin, et ses steamers, fort confortables, parcourent un ensemble de plus de 1,600 kilomètres. Les passagers et les produits indigènes entrent pour une bonne part dans les bénéfices de cette affaire, sagement administrée. La faveur dont jouissent les Messageries Fluviales près des Annamites ne pourra manquer à nos chemins de fer.

Les Messageries Maritimes ont établi une annexe entre Haïphong et Hong-Kong, prolongeant ainsi jusqu'en Chine le service qui se fait sur les côtes d'Annam.

En outre, une compagnie particulière française a établi une bureaux de douanes à Lao-kaï et Dong-Dang. Nos lignes téléligne de trois paquebots entre Haïphong et Hong-Kong.

A nous de profiter de ces divers moyens de pénétration et d'expansion qu'une jeune colonie a rarement eus dès l'abord à sa disposition.

Il serait beaucoup trop long de passer en revue les divers articles d'importation et d'exportation.

Parmi les premiers, nous signalerons les articles de bazar, les jouets, la verroterie, les parapluies, la parfumerie, l'horlogerie, la lampisterie, la chaussure, et surtout la quincaillerie.

Tout cela est fort répandu à Hong-Kong et à Shang-Haï; c'est ce qui s'est le plus vendu au Tonkin. Le Chinois, qui les connaît, en sera le propagateur sur toutes les voies commerciales. Déjà les lettrés, les mandarins, les boys, tous ceux qui arrivent à disposer de quelques piastres se paient le luxe de souliers européens, de montres, de parapluies, voire même de chapeaux. Nos domestiques s'affublent avec plaisir et vanité de nos défroques, et dépensent leurs salaires en achats de bibelots d'outre-mer.

Quelques tentatives ont été faites pour introduire des étoffes et des tissus, principalement des cotonnades. Il faut s'astreindre à ne fabriquer que des pièces d'une largeur rigoureuse de 0 m. 35 centimètres, seule mesure acceptée par les Annamites. Que nos industriels, imitant les Anglais qui tiennent tout le marché d'Orient, modifient en ce sens leur outillage.

Les velours de « soie » et de « soie et coton » seraient sûrement préférés pour l'hiver aux douillettes formées de ouate entre deux étoffes que portent les gens aisés.

Pour l'exportation, c'est surtout vers les produits de l'agriculture que devra se porter l'attention du commerce. Nous réservons pour plus tard, les charbons et minerais. La soie fournira beaucoup à nos acheteurs; pour la rendre plus marchande, il suffira de perfectionner la manipulation indigène.

Les vastes forêts contiennent une très riche variété de belles essences pour la menuiserie, l'ébénisterie et les meubles de luxe.

Il conviendra aussi de développer, dans les proportions qu'elle comporte, la culture du coton trop négligée. L'arachide, le sésame, le ricin, le maïs demandent des plantations en grand, ainsi que la canne à sucre, qui, mieux cultivée, et traitée industriellement, rendrait beaucoup plus. De ce qu'elle donne déjà, nous pouvons déduire que l'industrie sucrière a les plus grandes chances de succès. L'anis étoilé ou huile de badiane s'expédie en grosses quantités. Sur les collines qui entourent le Delta, le poivre, le café, le cacao peuvent donner lieu à de sérieuses cultures et à de beaux bénéfices. N'oublions pas la ramie, qui, dans l'industrie textile, prend une place honorable à côté du lin et du chanvre. Elle se récolte partout au Tonkin; on l'utilise à de nombreux usages ; il faut la cultiver en grand.

Enfin, le blé qui, dans la province de Bac-Ninh et au-dessus, surtout au Yunnan, pousse et produit beaucoup dans la saison hivernale, nous donnerait la farine pour laquelle tout l'Extrême-Orient est tributaire de l'Europe et de l'Amérique. Tous ces résultats, nous les obtiendrons en y intéressant l'Annamite, qui est un cultivateur exceptionnel.

Pour les raisons énoncées plus haut, il mesure la culture sur ses stricts besoins de l'année. Mis en présence de nouveaux désirs éveillés par la vue des marchandises que ses plus faciles voyages lui permettront de contempler, il demandera vite au travail le supplément de dépenses que cette envie nécessitera. Chaque village verra alors un plus grand nombre de champs plantés, parmi les vastes espaces en friche. L'Européen sera mieux accueilli, quand il proposera à un chef de village d'ensemencer quelques-uns des 430,000 hectares non cultivés du Delta. La production continuera de se développer en proportion du bien-être qui se répandra.

Il ressort de ce rapide exposé, que le commerce franco-tonkinois, en raison des éléments de succès qu'il renferme, aura dans l'avenir une importance considérable. Est-ce à dire que les résultats sont prochains, que l'importation et l'exportation arriveront vite à des chiffres élevés et donneront rapidement de gros profits? Non, assurément! Il faudra une série d'efforts, d'expériences, de tâtonnements pour plier ce peuple à nos vues, à nos projets, pour opérer, enfin, dans cette population si routinière, quoique primitive, une révolution économique presque radicale. Apportons-lui d'abord l'aisance; substituons le bien-être à la pauvreté. Pour nous aider, et hâter cette solution, deux facteurs, dont les effets seront des plus rapides, doivent intervenir préalablement; l'établissement de voies de communication et l'exploitation des richesses minières.

Voilà la véritable base de la prospérité à venir.

Notre prochain article en fera d'ailleurs la démonstration évidente, et mettra en lumière les merveilleuses ressources que les capitaux hardis trouveront dans la prise de possession, sans retard, des richesses incalculables que contient le sol du Tonkin.

INDUSTRIE, MINES, CHARBONS

Ce qui s'impose le plus à l'attention, quand on étudie le Tonkin et son avenir, ce sont les conditions exceptionnellement favorables dans lesquelles il se trouve au point de vue industriel.

Il produit toutes les matières premières : au premier rang, la houille, agent général, et, d'autre part, tous les minerais, le fer, le cuivre, l'étain, le zinc, etc., etc., ainsi que le coton, la soie, la canne à sucre, la ramie, etc., etc.

Il a de plus cet avantage de pouvoir fournir la main-d'œuvre dans tous les genres et à bon marché.

C'est grâce à ce dernier appoint que l'on a pu, dès le début, monter les canonnières, exécuter les travaux urgents de constructions, de réparations et d'installations diverses.

Les ateliers maritimes d'Haïphong furent vite organisés. Un ingénieur des Constructions navales ayant sous ses ordres des contremaîtres européens, chefs ou surveillants d'ateliers, dirigeait les réparations de la flotte de guerre ou du service administratif. Tous les ouvriers, plusieurs centaines, étaient ou Chinois ou Annamites.

MM. Marty et d'Abbadie, directeurs des Messageries fluviales, en raison de leur nombreuse flotte, ont dû créer des ateliers de réparation et de construction maritimes. Le *Laokaï* et le *Yunnan* ont été construits de toutes pièces sur leurs chantiers, et par des ouvriers chinois. La maison Daniel et Chaumont, constructeurs-mécaniciens, à qui l'on doit les appontements et les quais flottants des docks d'Haïphong, occupent de nombreux indigènes pour les travaux particuliers.

C'est là une ressource considérable pour l'avenir de notre industrie ; c'est une économie appréciable, de n'avoir à se préoccuper que du personnel de direction et de surveillance.

Aussi, doit-on songer à tirer parti de ces importants avantages. Si les débuts ont été modestes, n'ayant à donner satisfaction qu'aux exigences de la première heure, combien la marge est grande pour l'avenir, avec les éléments dont on pourra disposer. L'élan une fois donné, nous verrons surgir de terre, comme par enchantement, les usines et les établissements industriels. D'ailleurs, on peut dire que tout est à créer.

La première ligne de chemins de fer, Phulang-Thuong à Lang-son, se suffit à elle-même en ne se servant que des indigènes. Il en sera ainsi de celles qui sont à l'étude, et qui, tout en contribuant à l'extension du commerce, concentreront rapidement les matières premières pour l'industrie.

Une filature de coton se monte à Hanoï avec un grand nombre de métiers à tisser. Pour améliorer le travail sur place de la soie, divers projets sont en voie d'exécution. Les distilleries d'alcool de riz, les fabriques de sucre, les usines de décorticage de riz et de ramie, les filatures, les scieries mécaniques, les huileries et savonneries utiliseront les produits des grandes exploitations agricoles et forestières. Nous n'avons qu'à suivre les exemples que nous donnent les Anglais aux Indes.

L'outillage varié et multiple d'un port comme Haïphong, appelé à un avenir rival de Hong-Kong, l'agencement des villes d'Hanoï et d'Haïphong, entraîneront des besoins de matériel que de grandes usines leur fourniront. Il suffit de citer les cales de radoub, les appontements, les quais, les ponts, les constructions, l'éclairage, les eaux, les égouts, les routes, les tramways suburbains, les briqueteries et tuileries, les canaux à percer ou à rectifier dans le Delta.

Un chimiste distingué, qui a étudié sur place les ressources du Tonkin, signale, à utiliser, les calcaires argileux pour la fabrication du ciment et de la chaux hydraulique. En présence des gigantesques travaux qui se feront en Extrême-Orient, c'est un marché considérable qui serait assuré à ces produits, actuellement tirés d'Europe à grands frais.

Les richesses minières du Tonkin offrent un champ d'exploitation aussi vaste que varié.

Avant notre arrivée dans ce pays, elles étaient aux mains des Chinois. Nous ne citerons point les nombreux récits des voyageurs qui ont parcouru le Tonkin dans tous les sens et ont donné à ce sujet les renseignements les plus précis. Les Tonkinois prétendent, dans leurs poèmes, que le *Grand Dragon* a caché son trésor dans leur sol, et qu'ils n'y touchent point pour ne pas couper la veine royale, c'est-à-dire la destinée de la dynastie régnante.

Les Chinois, moins scrupuleux de la légende, se chargeaient seuls de l'exploitation pour le service de Sa Majesté, et payaient de ce fait au Trésor plus de cent mille francs par an.

On a retrouvé dans la citadelle, au moment de la prise d'Hanoï, un document curieux ; c'est la nomenclature des gîtes métallifères ainsi exploités, qui, suivant l'habitude, ont été recouverts, dissimulés, ou ont été envahis par la végétation si rapide sous ce climat.

Cette liste comprend en résumé :

13 mines d'argent.
32 — or.
7 — cuivre.
1 — étain.
29 — fer.
6 — zinc.
3 — plomb.
2 — mercure.
20 — nitre.
2 — soufre.
1 — nickel.

En les classant par provinces :

Bac-Ninh : or et houille.
My-Duc : or et cuivre.
Son-tay : or, nickel, argent, étain, charbon.
Hung-Hoa : or, argent, cuivre.
Tuyen-Quan : or, argent, étain, cuivre.
Cho-bo : or, étain, cuivre.
Thai-Nguyen : étain, or, argent, cuivre.
Lang-son : or, fer, zinc.
Cao-Bang : argent, plomb, étain.
Hat-Duong : fer, zinc, houille, mercure.
Quan-Yen : fer, zinc, houille.

Les recherches, les découvertes faites par nous ont constaté la présence des mêmes minerais dans les mêmes régions. Ajoutons enfin que d'immenses filons d'antimoine sillonnent le Tonkin en tous sens. Rien que dans le voisinage de la concession houillère de Hone-Gaye, il en a été fait trois concessions, dont l'exploitation est commencée.

De nombreux chercheurs ont trouvé l'or dans la région du mont Bavi, près d'Hanoï, sur les bords de la rivière Noire et dans les sables de Son-La. D'ici peu, la fièvre de Californie va envahir le Tonkin. Elle commence, et il suffira d'une seule réussite pour la déchaîner. Mais les capitaux manquent comme pour tout le reste.

En présence de l'empressement des Chinois à faire des demandes de recherches en périmètre réservé, on réclame une modification de l'art. 10 du régime minier.

Une commission, chargée de préparer une revision de ce décret, doit chercher les moyens d'empêcher les nouveaux naturalisés d'occuper à l'avance par leurs poteaux de délimitation préalable, les régions jadis exploitées par leurs coreligionnaires, et d'entraver ainsi les recherches et les demandes de nos compatriotes.

Les données sérieuses fournies par Doudart de Lagrée, Francis Garnier, J. Dupuis, Dr Harmand, Petiton, Escudier, se trouvent confirmées par le rapport de l'éminent ingénieur Fuchs, à la suite de sa mission d'études en 1881 au Tonkin, qui a permis de dresser des cartes géologiques des plus complètes et des plus exactes.

D'autre part, les missionnaires, bien placés pour voir et savoir par leurs néophytes, signalent la présence et l'importance de l'or et des divers minerais dans presque toutes les provinces. MM^{grs} Gauthier, Croc et Puginier indiquent ces richesses minières comme devant dédommager la France des sacrifices qu'elle s'est imposés. Les rapports des résidents confirment tout ce qui était connu et attestent de nouvelles découvertes.

Le Nord China Mail de Shang-Haï du 8 février 1888, énumérant les minéraux du Tonkin, dit qu'il est à craindre que tous ces trésors restent inexploités, tant qu'on *criera en France contre notre colonie*.

M. Sarran, ingénieur colonial des mines, en mission en 1885, a parcouru tout le Tonkin. Il a rencontré les filons métallifères, ainsi que les quartz aurifères, très rapprochés, dans le terrain dévonien, qui sert d'assise au terrain calcaire carbonifère, ou, directement, au terrain houiller.

L'attention des Anglais a été de suite éveillée par les rapports de leurs voyageurs. Le correspondant du *Pall-Mall Gazette* écrit (8 octobre 1889), de Hong-Kong, à ce journal, qu'il vient de visiter le Tonkin et affirme, *d'après sa propre expérience*, que la richesse en métaux de notre colonie est immense. Dix compagnies anglaises, dit-il, se seraient formées, rien que pour ce qu'on a déjà découvert.

Et nos capitaux ne s'y portent pas et négligent une source inépuisable de bon emploi de fonds et de gros revenus !

La question vaut pourtant la peine de s'y attacher. Il y a un très grand danger à négliger ainsi de telles richesses et à laisser le champ libre aux capitaux étrangers qui peuvent s'emparer de ce qui nous a coûté si cher.

Les Anglais sont à nos portes, à Hong-Kong ! Déjà, ils se sont empressés, comme nous le verrons, de fournir les fonds de la Société d'Hone-Gaye. Ils avaient acheté d'avance la concession de Dong-Trieu. Ce sont eux encore qui ont prêté (5 millions à 7 0/0, plus une commission) les capitaux aux adjudicataires du chemin de fer de Lang-son. Ils sont à la piste de toutes nos découvertes, de toutes les concessions. Leurs agents, des inspecteurs ou prospecteurs, sont à poste fixe à Haïphong et à Hanoï, flairant toute bonne affaire de mine.

Bien peu encore ont été concédées. M. Bavier-Chauffour a obtenu deux concessions d'antimoine, et il n'a pas manqué de trouver des capitaux près des banquiers ou spéculateurs d'Hong-Kong. Le Chinois naturalisé Koaï-Ky a une concession d'or à My-Duc. Une concession de galène argentifère et une d'étain ont été accordées à MM. Bedat et Saint-Mathurin.

Des demandes nombreuses de recherches ont été faites ; mais il n'est pas à notre connaissance que nos compatriotes, répugnant aux subsides anglais, aient trouvé des capitaux français.

Il est à craindre que, devant l'indifférence de la mère-patrie, ils ne perdent patience et ne se décident à accepter les offres, toujours prêtes, de nos avides voisins.

A quoi tient cette résistance de nos capitaux à s'engager dans les affaires du Tonkin ? Ils ne trouvent pourtant à l'heure présente qu'un intérêt dérisoire, qu'une récente décision de la Chambre vient de rogner encore. Que rapportent les diverses actions, obligations, tous les placements mobiliers ?

Le fruit de notre travail, de nos économies va s'égarer dans des emprunts étrangers dont le krach de Londres vient encore de démontrer le peu de solidité, quand il pourrait s'offrir un emploi si fructueux dans une colonie dont l'essor n'est subordonné qu'à l'arrivée de capitaux fécondants.

Ah! c'est que le malheureux Tonkin subit la défaveur, le discrédit qu'ont jeté sur lui nos luttes et nos discussions politiques. Il porte la peine de rivalités, de rancunes personnelles, dont le bon sens public devrait le dégager, pour apprécier exclusivement, en elle-même, la valeur de notre conquête!

Nous arrivons à cette richesse de premier ordre, qui fait la fortune d'un pays, en lui permettant de tirer parti de toutes ses ressources, de donner à son industrie un développement sans limites. Le **charbon,** qui a révolutionné notre époque et a fait avancer l'humanité de plusieurs siècles, est appelé à métamorphoser l'Extrême-Orient. On a beaucoup discuté sur les gisements du Tonkin. Mais le temps des hypothèses est passé. Les faits sont là ; les recherches et les travaux d'exploration, les analyses ont contrôlé et justifié les dires les plus exagérés en apparence.

Le bassin houiller a été étudié et reconnu en 1881, par MM. Fuchs et Saladin, ingénieurs des Mines, et, en 1885, par M. Sarran, ingénieur colonial des Mines. Il forme une bande de 25 kilomètres parallèle à la côte sur une longueur de plus de cent vingt kilomètres, et remonte vers le Yunnan où la continuité des couches a été constatée.

De ses qualités, nous ne parlerons que brièvement. Des expériences concluantes ont été faites dans les ateliers d'Haïphong, sur les paquebots des Messageries Maritimes, entre Haïphong et Hong-Kong, sur les bateaux des Messageries fluviales, sur les canonnières de l'Etat et les chaloupes du Protectorat. Les résultats ont été l'objet de rapports officiels. Qu'il nous suffise de dire qu'il a été comparé au Cardiff, aux types d'Anzin et de Grand'Combe. Les analyses ont déterminé sa teneur: houilles maigres, très pures, donnant de 2 à 6 0/0 de cendres, de 18 à 25 0/0 de matières volatiles, une grande puissance calorique. Une simple modification des grilles, en barreaux plus rapprochés et plus minces, en faciliterait l'emploi, sans être toutefois absolument nécessaire. Les Messageries fluviales l'ont immédiatement adopté, et les Messageries maritimes n'attendent que la régularité de la production pour passer des contrats.

Si l'espace nous permettait de reproduire les articles de la presse anglaise sur les charbonnages du Tonkin, nous y trouverions, au milieu de récriminations jalouses, la preuve évidente de l'avenir immense réservé à nos mines. Les Japonais eux-mêmes se préoccupent de la concurrence que nos charbons vont faire aux produits des mines de Kiushiu, de Nagasaki, de Takashuma. Deux journaux, le *Tokio Shimpô* et le *Japan Mail*, reconnaissent parfaitement qu'aussitôt nos mines en pleine exploitation, leur combustible n'a plus aucune chance d'être accepté sur le marché d'Hong-Kong. Après avoir fait concurrence aux charbons anglais et australien par son bas prix le charbon japonais devra céder la place au minéral tonkinois, La supériorité de ce dernier, dit le *Hong-Kong Daily Press*, est prouvé par l'expérience comparative qui en a été faite. Pour obtenir la même puissance motrice, la proportion de combustible nécessaire était de deux pour notre charbon et de trois pour le Japonais.

Les gisements de Kebao, d'Hone-Gaye et de Dong-Trieu ont été l'objet de trois concessions que nous allons examiner.

L'île de Kebao, d'une surface de 25,000 hectares a été concédée par l'Etat, en toute propriété, fonds et tréfonds, à M. Dupuis, l'inventeur de la voie du Fleuve Rouge, en compensation de ses pertes au Tonkin. M. Dupuis a cédé ses droits à une Société française, qui s'est formée en 1889 au capital de 2,500,000 francs. Cinq mille parts de fondateur ont été créées pour représenter l'apport de M. Dupuis. Les bénéfices, après prélèvement de 6 0/0 pour le capital versé, seront distribués : 50 0/0 aux actionnaires, 50 0/0 aux parts de fondateur.

Cette concession est surtout importante au point de vue des facilités et de l'économie de l'exploitation. Le terrain houiller, reconnu dans toute l'île, est principalement riche du côté de la mer, et les navires pourront venir charger, en tout état de marée, en plusieurs points parfaitement abrités.

Vingt-cinq couches sont reconnues dans le périmètre étudié, d'une trentaine de kilomètres carrés. Elles varient entre 1.50 et 3 mètres d'épaisseur ; quelques-unes ont de 3 à 5 mètres. Dès maintenant, on est sûr de plus de 15 millions de tonnes exploitables en amont-pendage, c'est-à-dire au-dessus de la surface des eaux. L'exploitation souterraine des systèmes inférieur et supérieur donnera plusieurs centaines de millions de tonnes.

Il reste à explorer la plus grande partie de l'île de Kebao; nous n'osons prédire le chiffre fantastique auquel pourrait arriver le calcul du tonnage, que le correspondant du *Temps* au Tonkin évaluait récemment à plus d'un milliard de tonnes. Si l'on ajoute que cette affaire, aux mains de gens des plus sérieux et des plus actifs, va pouvoir produire incessamment cent tonnes par jour, doubler et tripler cette extraction dans le courant de 1891, on peut, sans exagération, prévoir une production totale de plus de 100.000 tonnes pour la première année. On a vendu récemment 2.000 tonnes de charbon tout-venant à 6 piastres la tonne, ou 25 fr. Les frais d'extraction sont inférieurs à 10 fr.; c'est 15 fr. de bénéfice net par tonne. Le charbon trié se vendra facilement 8 piastres. En ne prenant que les chiffres ci-dessus, pour 100,000 tonnes, c'est donc 1,500,000 fr. à partager entre 10,000 titres.

Un ingénieur en chef et plusieurs sous-ingénieurs dirigent une douzaine de contremaîtres mineurs; deux cents ouvriers chinois et annamites, fort habiles, travaillent dans les galeries et les descenderies; le nombre en va augmenter incessamment. On se dispose à foncer un nouveau puits de 200 mètres, à établir un chemin de fer et un appontement en mer. Le capital, sagement et scrupuleusement administré, dont moitié seulement est versée, suffira à toutes ces diverses dépenses.

Heureux actionnaires qui, tous, sont Français!

Rendons cette justice à M. J. Dupuis, qui eût pu trouver à Hong-Kong des conditions plus avantageuses pour lui, d'avoir repoussé les propositions étrangères pour réserver à son pays cette bonne fortune.

La concession Bavier-Chauffour confine à Kebao, et est composée de trois massifs, Campha, Hatou et Hone-Gaye, d'une surface de 20,000 hectares environ.

Les travaux, commencés depuis plus de deux ans, se sont surtout portés sur Hone-Gaye, à cause du voisinage de la mer. Hatou et Campha ont dû être reliés à ce point par un chemin de fer dispendieux. A Hone-Gaye, le cube en amont-pendage ne promet guère plus de 400,000 tonnes de charbon vendable. Mais, en revanche, en profondeur, les études sur treize couches d'une épaisseur moyenne de 2 m. 50 annoncent un cube de près de 15,000,000 de tonnes. Entre Nagotna et Marguerite, sur un développement de 3,800 mètres, cinq couches de 2 mètres font prévoir plus de dix millions de tonnes. A Marguerite, à peine quelque amont-pendage ; mais, en profondeur, plus de 20 millions de tonnes. Dans ce centre, Nagotna-Marguerite, on peut, en l'état actuel des travaux, estimer au minimum de 50 et quelques millions de tonnes, le cube à extraire. Hatou et Campha ne sont pas encore suffisamment connus pour pouvoir déterminer leur futur rendement.

Des attaques se font en différents points d'Hatou, et l'on trouve partout du beau charbon ; mais les difficultés de communication causeront des retards.

Campha présente deux ou trois couches de deux à quatre mètres ; on n'y doit travailler que plus tard.

Le capital souscrit est de 4,000,000 de francs. On a donné 2 millions à M. Bavier-Chauffour pour son apport. L'assemblée des actionnaires vient d'autoriser l'émission de 3 millions d'obligations, garanties par une hypothèque sur la concession. Cette somme est destinée à un chemin de fer desservant Nagotna, Marguerite, Hatou et Campha, et à plusieurs puits d'extraction. Les travaux de préparation d'exploitation sont ici très difficiles et très onéreux. Ce qui n'empêchera pas que ce ne soit une splendide affaire, dès qu'elle sera en plein rapport. Les Anglais l'ont si bien compris, qu'ils se sont précipités au-devant de M. Bavier-Chauffour et lui ont souscrit tout le capital, en lui donnant cette superbe prime de 2 millions, avec la bride sur le cou.

Nous regrettons de n'avoir pas à féliciter nos capitalistes d'avoir saisi une telle occasion de placer avantageusement leurs millions.

Entre Hone-Gaye et Dong-Trieu, en passant par Quan-Yen, se trouve une région de trente-cinq kilomètres environ de terrains houillers, parfaitement connue des Chinois et de rares Européens. Les analyses faites sur des échantillons ont donné les meilleurs résultats ; les gens compétents prétendent même qu'en raison de la constitution géologique du terrain, il est à supposer que le charbon y sera moins froissé et, par suite, plus riche en matières volatiles que celui des régions exploitées.

La concession de Dong-Trieu, comprenant 1,200 hectares, a été accordée à M. Schœdelin, ancien officier français, resté comme instructeur en Chine après l'expédition de 1860.

Malheureusement, c'est encore un syndicat anglais de Hong-Kong qui a mis la main sur cette affaire.

On peut penser si nos aimables voisins se sont empressés d'exécuter la clause qui impose au concessionnaire de commencer les travaux dans les six mois de la signature de l'acte. (Juillet 1890.)

Les affleurements, où sera le centre d'exploitation, sont à une courte distance d'un cours d'eau, le Song-Da-Bach, navigable en tous temps pour les jonques et les chaloupes qui, par le Cua-Cam, descendront directement à Haïphong. Le charbon de Dong-Trieu est le même que celui de Hone-Gaye et de Kebao, et, aux essais, a donné des résultats identiques; ce n'était pourtant que du charbon de surface, non trié, pris aux affleurements. En remontant vers Bac-Ninh, se trouvent des gisements jadis exploités; mais, dès notre arrivée, les autorités annamites, *pour les soustraire à notre cupidité*, les firent couvrir ou combler. (Dr Armand.)

Il n'a pas été octroyé d'autres concessions houillères, en vertu de l'article 19 du décret du 16 octobre 1888, qui stipule : « Sont déclarées, dès maintenant, ne pouvoir être acquises « que par adjudication, les mines de houille des provinces « de Quan-Yen, Haï-Duong et Bac-Ninh. »

La commission, chargée de préparer la revision de ce décret, est d'avis de supprimer l'adjudication, mais de ne plus accorder de concessions qu'à des Français. Encore faudra-t-il prendre toutes les précautions, toutes les mesures préventives pour empêcher le trafic de ces concessions et écarter les hommes de paille qui dissimuleraient les capitaux étrangers. Le ravitaillement de notre marine est chose trop importante, trop capitale pour que nos administrateurs ne s'entourent pas de toutes les garanties possibles pour éviter le danger très grave de l'intrusion des étrangers. C'est pour eux un devoir sacré.

Le Tonkin possède donc cette richesse sans rivale, le charbon, qui a fait la fortune de l'Angleterre et poussé son industrie à l'apogée, et qui, en France, a rendu nos provinces du Nord et du Centre les plus prospères, élevé nos industriels au premier rang. Le progrès partout lui est dû ; et pauvres resteront les pays qui n'ont pas l'heur de le posséder.

Sur les grandes lignes maritimes de l'Orient, depuis Port-Saïd, c'est à grands frais que s'approvisionnent d'Europe les entrepôts de charbon d'Aden, de Colombo, Singapore, Hong-Kong et Shang-Haï. Dans cette immense consommation, l'Australie et le Japon, seuls producteurs d'Orient, entrent pour une faible part. Hong-Kong absorbe annuellement 600,000 tonnes, Shang-Haï presque autant, Saïgon 200,000, Singapore plus que Hong-Kong. La navigation des Indes néerlandaises, espagnoles, portugaises arrive à un chiffre colossal de consommation. Quel marché pour nos mines du Tonkin! Quel secours pour notre marine, et aussi quel appoint pour notre influence en Extrême-Orient. Et, en cas de guerre!!!

Le charbon d'Europe vaut à Hong-Kong de 60 à 70 francs la tonne. Celui du Tonkin, qui se vendra aux environs de 30 francs, en aura vite pris la place.

On sait à quels prix sont arrivées les actions de nos bassins houillers, divisées en deniers, en dixièmes et en centièmes de deniers. *Il n'est pas téméraire de prédire le même avenir aux actions des Charbonnages tonkinois.* Notons déjà que celles d'Hone-Gaye, à 3,200 fr., c'est-à-dire à 2,700 fr. de prime, trouvent acheteurs à Hong-Kong, mais il n'y a pas de vendeurs. Celles de Kebao, à peine en circulation, sont à 1,300 fr., et les offres sont rares. C'est qu'on escompte l'avenir ; et les portefeuilles avisés cherchent à se pourvoir de pareils titres, pour les garder.

Le Tonkin, possesseur d'un combustible aussi abondant, verra son industrie se développer avec rapidité. Il pourra traiter sur place, aux meilleures conditions d'économie, non seulement ses propres minerais, mais ceux que les provinces chinoises limitrophes, qui en sont si riches, ne manqueront pas de lui envoyer.

Insensiblement, nos lignes fluviales ou terrestres, comme le font déjà nos lignes télégraphiques, franchiront les frontières chinoises, dont les barrières craquent de toutes parts, sous la poussée du progrès, et nos industries et nos usines iront s'implanter au cœur même du Céleste Empire.

Ses habitants, encore arrêtés aux méthodes rudimentaires, accepteront vite nos procédés perfectionnés ; car le Chinois, dès qu'il perçoit la possibilité du gain, devient facilement ami de la civilisation. C'est une armée de contremaîtres, un état-major d'ingénieurs qu'il faudra pour faire face à toutes ces entreprises.

Est-il besoin de dire que, dans ces branches si diverses, les grands capitaux sont nécessaires? Ce sera le lot de puissantes Compagnies de tirer parti de tous ces éléments, que les efforts individuels ne peuvent aborder. Les profits en perspective ne tarderont pas à tenter les capitalistes, qui, nous l'espérons, doivent commencer à se désabuser des placements à l'étranger. Il est temps de renoncer à faire la fortune des autres au détriment de la nôtre. Une occasion exceptionnelle se présente pour nous de tirer le bénéfice de longs et onéreux sacrifices.

Il est triste de constater que les capitaux anglais plus avisés, peut-être aussi plus instruits, nous aient devancés, et se soient déjà assuré la plus-value de 25 millions, intelligemment placés. Mais qu'il n'en soit plus ainsi à l'avenir, et que nous n'ayons pas les soucis et les charges d'une occupation, pour en laisser profiter nos rivaux.

Le Tonkin ira vite, dès qu'il aura à sa disposition le grand levier, l'argent. Et certes l'on peut dire, avec ceux qui ont vu, entendu et contrôlé par eux-mêmes, que ce n'est ni l'énergie du bon vouloir, ni la force d'entraînement qui manquent à ses colons. Dès 1888, un ministre, en pleine tribune, rendait hommage au courage convaincu, à l'ardeur désespérée avec laquelle ils travaillaient, confiants dans un meilleur avenir et dans les résultats de leur ténacité à attendre que le Tonkin cessât d'être une plate-forme politique.

Que ne peut-on espérer d'une colonie qui a montré tant d'activité avec si peu de moyens, tant de vitalité au milieu d'obstacles sans nombre?

C'est avec joie que l'on voit l'apaisement commencer à se faire à son sujet. La Chambre a récemment rendu définitifs les liens qui rattachaient le Tonkin à la France. Et déjà l'on peut constater dans l'opinion publique, dans la presse, une évolution favorable pour le Tonkin. L'examen de ce pays trop peu connu, et les résultats qu'on y obtiendra, feront le reste.

Dans ces études, qui doivent rester impartiales, nous nous attachons à la vérité, ne prenant pour guide que la réalité des faits, les preuves palpables, matérielles des choses, écartant tout excès d'enthousiasme, comme toute atténuation.

Que si, dans certaines appréciations, nous avons cru devoir jeter un cri d'alarme, on ne l'attribue pas à une étroitesse

de vue économique ; nous n'avons fait qu'obéir à un devoir
de patriotisme, en exprimant la crainte de voir prendre par
les dollars exotiques la place que nous ont conquise nos
soldats.

Aussi, en terminant, lancerons-nous cet appel à tous :

Des capitaux pour le Tonkin !

Des capitaux français ! !

CRÉDIT et FINANCE

Nous avons exposé sommairement les richesses du Tonkin ; nous avons montré quelle ample moisson s'offre à l'activité de notre commerce et de notre industrie ; et nous avons été réduits à constater que tout cela reste stérile, faute de capitaux.

C'est triste à dire : le crédit n'existe pas au Tonkin.

Tous ceux qui veulent et peuvent entreprendre quelque chose, tenter la réalisation d'une idée, d'un projet quelconque, sont condamnés à l'impuissance par le manque de moyens financiers.

Jusqu'à ce jour, le seul établissement de crédit, qui pourrait venir en aide aux colons entreprenants, est la Banque de l'Indo-Chine. Or, personne n'ignore que, renfermée dans ses statuts, limitée dans ses opérations, exigeant des garanties qu'il n'est pas donné à tous de pouvoir fournir, elle ne peut répondre au but qu'on serait en droit d'en attendre.

Ajoutons à ces difficultés que, dans les cas où des accommodements avec le ciel sont possibles, il est nécessaire d'être *persona grata*. Sinon, livrés au caprice de directeurs ou d'employés qui ne travaillent pas pour leur propre compte, les pauvres emprunteurs en sont souvent pour l'ennui d'une démarche aléatoire, et pour la confusion d'un refus qu'il est si facile d'étayer sur l'un ou l'autre article des statuts.

On ne peut obtenir d'argent aux guichets de la Banque qu'avec la garantie de deux signatures, triées sur le volet, que souvent doit appuyer la garantie effective d'une hypothèque ou d'une délégation quelconque.

Les prêts ne sont que de 90 jours ; et bien privilégiés sont ceux qui, à l'échéance, obtiennent la faveur d'un renouvellement.

Le taux officiel est de 12 0/0 par an, soit 1 0/0 par mois. Il est rare que la deuxième signature soit gratuite. Dans le milieu colonial, un peu personnel, égoïste même, les signa-

tures de complaisance, d'amis, sont une exception. L'ava-
liseur exige, la plupart du temps, une rémunération de sa
garantie, de la responsabilité qu'il encourt par son endos ou
son aval. Elle varie entre 1 et 2 0/0 par mois. Voyez la situation de ce malheureux commerçant ou industriel qui, sur
les bénéfices problématiques d'une affaire est tout d'abord
obligé de sacrifier de 18 à 30 0/0. C'est que là-bas les lettres
de change, les billets à ordre, représentant une opération commerciale quelconque entre deux personnes, ne sont pas encore
très communs. Chacun travaille pour son propre compte, soit
qu'il entreprenne des travaux, dont il doit attendre le paiement,
et pour lesquels il a besoin d'avances, soit qu'il opère sur
des marchandises, dont l'écoulement pourra être plus long
que le délai d'échéance qu'il aura obtenu de son vendeur.

On voit de suite quel bénéfice doit être prélevé dans les
affaires pour subvenir à ses besoins, et faire face aux exigences du prix de l'argent, et combien est précaire la situation
de la plupart des colons, en un tel état de choses.

Or, surtout dans un pays neuf, qui a besoin de se développer, où des richesses sans nombre sont à exploiter, ne devrait-
il pas être possible de tenir compte du caractère, de l'initiative, de l'intelligence, de l'activité, du genre de commerce et
d'industrie, des chances de réussite, des conditions générales enfin de celui qui a recours au crédit ?

On ne peut en vouloir à la Banque de l'Indo-Chine des entra-
ves qu'en raison de son privilège, la sauvegarde de la valeur
de son portefeuille, et la sécurité de ses émissions la contrai-
gnent d'imposer.

Aussi ces restrictions nuisent-elles aux intérêts du pays, et
arrêtent-elles toutes entreprises exigeant un crédit prolongé,
avant de pouvoir produire et d'être à même de rembourser.

Maintenant que l'avenir se dessine dégagé de toute incertitude,
plein de promesses certaines, la colonie du Tonkin a besoin
de plus d'élasticité dans les affaires, d'un crédit plus abor-
dable, de capitaux moins réservés, pour mettre en œuvre
les idées, l'activité de tous, les richesses variées du sol.

Toutes les opérations interdites à la Banque de l'Indo-
Chine sont à la portée d'une banque libre, de capitaux métro-
politains qui ne trouvent plus dans le vieux monde qu'un intérêt plus que modeste. Aujourd'hui ne faut-il pas au moins

un million de fortune pour constituer un revenu certain de 30,000 francs ?

Il ne faut pas oublier que nombre d'entreprises, de concessions d'une réelle valeur vont se trouver entre les mains de gens sans capitaux. Les découvertes se multiplieront rapidement. Pour celles qui ne demanderont que de moyens subsides, des prêts à longue échéance ou une simple commandite suffiront. Pour celles d'une grosse importance, exigeant des travaux préliminaires, longs et dispendieux, ce sont des Sociétés qu'il faudra créer, ce sont de forts capitaux qu'on devra recruter. Nous sommes trop loin, pour que les négociations aient lieu directement. Des intermédiaires seront nécessaires, et c'est là-bas qu'ils devront être placés, pour pouvoir se rendre compte, sur les lieux, de la valeur et de l'avenir des affaires proposées. D'autre part, pour ne pas risquer de se tromper, en subissant l'influence d'appréciations souvent dues à la jalousie ou à la malveillance, il sera indispensable de connaître de longue date les hommes et les affaires de ce pays.

Il a été facile aux lecteurs des précédents articles de se rendre compte combien est important le rôle qu'auront à jouer les capitaux dans notre colonie.

Ils ne devront pas limiter leur action aux simples opérations de banque. En dehors de l'escompte, des encaissements, des dépôts, des relations avec d'autres places, ils trouveront un bon courant d'affaires, dans les prêts sur marchandises warrantées, soit devant rester sur place, soit devant transiter au Tonkin vers la Chine. Les travaux publics et privés, les entreprises minières, les exploitations agricoles et forestières leur offriront une diversité d'opérations et de placements également fructueux, que viendront encore augmenter les transactions à l'importation et à l'exportation. Les émissions, les prêts et opérations sur titres établiront vite un marché des valeurs, qui, à Hong-Kong, est arrivé à une certaine intensité.

Il est une foule d'entreprises spéciales dont les opérations multiples et de courte durée entraînent un besoin successif et répété de crédit. Les constructions, les travaux d'administration, les fournitures, les adjudications font souvent appel aux capitaux. Ici, la sécurité est absolue, si l'on a le soin de se faire déléguer les sommes à toucher par l'emprunteur, et de les affecter à l'amortissement des avances.

Il est regrettable qu'on n'ait pas, comme en Tunisie, rendu mobiles et négociables les titres de propriété, pour permettre aux possesseurs d'immeubles d'éviter les frais écrasants de l'hypothèque.

Dans un pays nouveau, chacun est plus ou moins propriétaire, comptant sur la plus-value fatale des terrains.

C'eût été une bonne mesure, très favorable à la colonisation, que d'appliquer un système, similaire de celui établi en Australie par l'*Act Torrens*, qui, par le moyen d'un titre de propriété transmissible, met à la facile et continuelle disposition du commerçant et de l'industriel la totalité de ce qu'il possède.

Il ne faudrait pas s'imaginer que les Annamites ignorent le mécanisme du travail des capitaux.

Ils empruntent beaucoup, soit individuellement, pour leur commerce ou leurs cultures, soit collectivement, par village ou canton, pour les divers travaux communaux, routes, canalisation, endiguements, irrigations.

Jusqu'à ce jour, c'est aux Chinois qu'ils ont recours. Et à quel taux ? A 4, même 5 0/0 par mois. L'intérêt n'a pas de limites en Orient, basé qu'il est sur le besoin plus ou moins urgent de l'emprunteur, ou les bénéfices qu'il a en vue, circonstances ordinairement connues du prêteur, qui, c'est admis, en profite et en abuse.

Ces sortes de banquiers chinois, toujours commerçants, acceptent d'être payés en produits du pays principalement en riz, dont il leur est facile, en face d'un débiteur à leur discrétion, de déterminer le prix à leur avantage.

Nous sommes certains que des prêts de ce genre faits aux indigènes, avec garantie des autorités locales, se généraliseraient promptement, tout en présentant, avec un gros bénéfice, une sécurité parfaite.

Les Chinois, très corrects et très exacts en affaires, alors que le transit par le Tonkin tend à prendre des proportions énormes, constitueraient une clientèle à soigner.

Au fur et à mesure de l'extension des affaires, c'est plusieurs sociétés de crédit qu'il faudra pour suffire à pourvoir de capitaux les nombreuses entreprises qui vont éclore. Ce sera aussi leur rôle d'intervenir à la création et à la constitution de compagnies particulières, indépendantes, ayant des objets déterminés. En dehors de la rémunération de ce concours, ordinairement reconnu en actions, la société créatrice trouvera encore un bénéfice dans la plus-value de la participation qu'elle pourrait prendre dans l'affaire elle-même, en proportion de la confiance que son avenir lui inspirerait. Le service financier de ses satellites lui fournirait un autre appoint de profits appréciables.

Toutefois, pour avoir, à une telle distance, la liberté de mouvement, l'aisance d'allures nécessaires à des opérations multiples et souvent instantanées, il faudrait aussi s'assurer à l'avance, près d'un grand établissement financier de Paris, d'un crédit qui serait déterminé par le capital et la bonne constitution de la Société.

Des besoins de disponibilités urgentes peuvent se présenter, sans qu'on puisse subordonner le succès d'une affaire aux lents et difficiles pourparlers d'une correspondance lointaine. Il est bon d'avoir des fonds à sa portée, quand il s'agit de lutter contre des concurrents tout prêts, et lorsque la conclusion d'une bonne affaire dépend de la rapidité d'exécution. Il faut donc qu'en toute occurrence une banque française, établie au Tonkin, ait la possibilité de se créer des ressources par des dispositions sur France. La Banque de l'Indo-Chine escompterait ses traites ; et le faible taux de l'argent à Paris ne lui imposerait qu'une charge minime en regard de bénéfices toujours considérables.

Comme on le voit, quelle que soit leur destination, les capitaux ne courrent aucun risque de demeurer inactifs ou improductifs au Tonkin. Il n'y a plus lieu maintenant d'hésiter à les y porter, pour s'assurer la possession et le profit de richesses incalculables. Mais, pour Dieu, que l'on se hâte ! Nous avons signalé combien l'attention des Anglais se porte sur notre colonie. Ils ont eu le loisir de l'apprécier ; la quasi-précipitation qu'ils ont mise, ces connaisseurs, à nous y supplanter devrait nous servir d'exemple et de stimulant.

Que font-ils dans leurs possessions? Dès qu'ils ont, à bon escient, jeté leurs vues sur un pays, ils y établissent des comptoirs, créent des sociétés, fondent des banques, et ne font intervenir leurs armes, que s'il est besoin de conserver la libre possession à leurs nationaux, à leurs capitaux.

Nous avons pris les choses à rebours ; nos soldats sont arrivés avant nos colons ; mais maintenant qu'ils nous ont mis à même d'apprécier les ressources immenses de leur conquête, allons-nous laisser cette terre en friche, ou abandonner la moisson au voisin ? Profitons de l'expérience du peuple le plus colonisateur, qui n'hésite pas à y verser de grosses sommes. *Là où les Anglais engagent leurs guinées avec un empressement peu dissimulé, il n'y a pas grand risque à courir en les imitant.*

Que l'on se groupe, que l'on réunisse ses efforts, que l'on s'associe ! Avec quelle facilité se fondent les Compagnies anglaises d'Afrique, à la tête desquelles on voit figurer les premiers noms de l'aristocratie britannique ! (1)

Leurs banques puissantes vont partout s'établir pour seconder l'initiative privée, et arrivent promptement à réaliser des profits considérables. Que nos capitalistes imitent cet exemple avec la certitude absolue de voir les fonds engagés leur procurer une large rémunération !

Il faut remarquer qu'aux colonies l'intérêt simple ressort, au minimum, à 15 et 20 0/0. Quels ne seraient pas les bénéfices d'un établissement, joignant au commerce de l'argent, le lancement des affaires industrielles? A ceux qui voudront comprendre la situation, se débarrasser des préjugés en cours pour apprécier le Tonkin tel qu'il est, la part de bénéfices sera copieuse. L'argent en Extrême-Orient doit couramment rapporter 25 à 30 0/0, dans les affaires ordinaires. La marche ascensionnelle des fonds placés au début dans les entreprises industrielles ou minières ne peut avoir de limites. On les verra vite décupler, centupler même. Les exemples n'en ont pas manqué en Amérique, au Mexique, en Australie.

En avant donc ! pas d'hésitation, pas de retard ! Les plus belles, les plus lucratives affaires appartiendront aux premiers arrivés, avec l'avantage d'une installation antérieure, de l'étude et du choix des entreprises avant tous autres. Il s'agit de prendre position dès le commencement de l'exploitation de toutes ces richesses. Le mouvement est commencé, l'impulsion est donnée ;

---

(1) On en est encore en Angleterre à l'octroi de « chartes » pour la création de Compagnies lointaines.

Celle accordée par la reine Victoria au négociant *S. Dent*, pour la formation de la British North Bornéo Company, au capital de 50 millions, contient ce passage : « Que des Sociétés de ce genre méritent d'être encouragées « parce qu'elles doivent être productives et très profitables pour l'Angleterre « et pour beaucoup de nos nationaux. »

la manifestation d'une tendance à montrer plus d'intérêt aux affaires coloniales devient indiscutable. Dans cette nouvelle direction que vont forcément prendre nos capitaux, *le succès et la fortune appartiendront à ceux qui auront su se hâter pour choisir les meilleures places.*

Ces études générales, cet examen des choses et des faits, dûs à la connaissance expérimentale de la situation du Tonkin, ne sortiraient pas du domaine purement scientifique, si nous n'arrivions à en tirer une conclusion pratique.

En présence des nombreuses lettres que nous avons reçues, pleines de demandes de renseignements, d'offres de concours, d'encouragements à prendre l'initiative, nous ne pouvons remettre à plus tard l'indication des voies et moyens propres à réaliser ce que nous considérons comme indispensable pour tirer parti de notre conquête.

Nous l'avons dit : à moins de nous condamner à laisser le Tonkin végéter indéfiniment, à piétiner sur place dans une colonie si bien pourvue de toutes les sources de prospérité, il faut que les capitaux s'enhardissent jusqu'à faire une longue traversée, et à créer là bas une jeune France, digne de la mère-patrie.

Capitaux pour aider le développement de l'agriculture, pour exploiter les forêts, établir des scieries ;

Capitaux pour les travaux publics et privés, pour mettre les villes principales au niveau des cités européennes, en les dotant de toutes les améliorations et innovations de la science et des exigences modernes ;

Capitaux pour notre port d'Haïphong, afin de le pourvoir de l'outillage et des accessoires qui pourront le faire rivaliser avec Hong-Kong et Shang-Haï ;

Capitaux pour arracher à la terre les trésors qu'elle contient. pour monter les usines et les établissements industriels qui devront traiter sur place les divers produits naturels ;

Capitaux pour mettre en valeur ce magnifique bassin houiller, pour extraire le charbon, ce pain de l'industrie, agent de tous les progrès ;

Capitaux pour venir en aide à toutes les entreprises et tirer le meilleur parti d'une telle situation ;

Voilà, nous semble-t-il, un programme assez vaste et assez varié.

Nous ne nous arrêterons pas à supputer les profits certains, les gains énormes qu'une exploitation aussi étendue peut offrir. Nous nous en rapportons à l'intelligence de nos lecteurs.

Inutile de répéter que le temps presse pour arriver des premiers, et d'affirmer à nouveau que les capitaux engagés ne chômeront pas.

Il existe déjà un noyau assez considérable d'affaires pour employer de suite utilement de gros capitaux :

Industries naissantes, exploitations agricoles dans l'enfance qui languissent en raison de leurs faibles moyens ; concessions demandées ou accordées qui attendent preneur ou commanditaire : industries, sociétés à créer, exploitations à ouvrir, mines à obtenir, terrains de spéculation, études et recherches à poursuivre, crédit à répandre.

Nous avons sur le tout les données les plus précises ; nous connaissons nombre d'affaires expectantes, sur lesquelles il y aurait peut-être quelque inconvénient à divulguer trop de détails.

Eh bien, en cet état de choses, nous formulerons ainsi notre avis.

Il nous semblerait judicieux de commencer par grouper un certain nombre de personnes, mettant en commun leurs espérances dans l'avenir et leurs capitaux, pour s'assurer au plus tôt des éléments énumérés ci-dessus, les mettre en bonne marche, les développer, en ébaucher, en recruter d'autres, et former ainsi un faisceau de bonnes et lucratives affaires, choisies avec le plus grand soin.

La mise en œuvre définitive de ce contingent divers et multiple devant absorber un chiffre de capitaux considérable, le syndicat, si l'on veut appeler ainsi l'ensemble des premiers capitalistes, après avoir sérieusement examiné, minutieusement constaté sur quelles branches pourraient porter fructueusement une activité plus ample, des efforts plus puissants, réunirait les résultats de ses études et de ses travaux, pour servir de base, en pleine connaissance de cause, à la constitution d'une grande Compagnie, où les premiers venus trouveraient une large récompense de leur clairvoyance. Celle-ci, lui succédant, avec la force des capitaux en plus, aidée de l'expérience acquise et d'un personnel éprouvé, pourrait aborder les affaires les plus grandioses dans le vaste champ ouvert à ses moyens d'action. C'est donc par la formation *sans retard* d'une Société de ce genre que l'on trouvera le moyen de procéder à la mise en valeur du Tonkin, à la réalisation des succès futurs.

Avis aux capitaux clairvoyants !

Nous n'hésitons pas, sans aucun risque de nous tromper, à prédire succès et fortune aux initiateurs.

Hâtons-nous donc ! La place est à prendre.

Occupons-la avant nos rivaux qui la guettent.

Devenue par nos armes un coin de la France, que cette terre reste à nous tout entière ! Ne laissons pas Albion l'envahir sous nos yeux et cueillir seule les fruits de la moisson que le sang des nôtres a fécondée ! (1)

---

(1) Nos lecteurs ont dû remarquer que nous avons omis de parler de l'Annam. C'est que son avenir n'est pas aussi imminent ; car, s'il n'a pas donné lieu aux mêmes acrimonies politiques, et n'a pas été aussi vanté, il n'a pas été, non plus, autant étudié.

Il ne possède pas l'immense ressource au Tonkin, le riz, dont il est obligé de s'y approvisionner chaque année.

En revanche on le dit riche en sucre, en arachides, en cannelle surtout.

Ses forêts, en particulier dans le Nghé-An et le Than-hoa, donnent des produits de premier ordre. M. Dupuis, qui en a le fermage, y a installé des scieries importantes.

Les ports sont nombreux et pourvus de belles rades qui, mises en communication par des routes ou des chemins de fer avec les fertiles et vastes contrées de la rive gauche du Mékong, peuvent être appelées à un sérieux trafic d'exportation et d'importation. Les mines de charbon de Nang-Son se trouvent, par un arroyo, à proximité du principal port, Tourane, renommé pour sa rade, dont on projetterait de faire un port de guerre.

On parle aussi de diverses mines et de sables d'alluvion aurifères. Nos compatriotes s'y sont peu portés, et les seuls Européens sont les militaires et fonctionnaires.

Là, comme au Tonkin, les intermédiaires obligés du commerce sont et seront les Chinois.

L'Annam, qui tient au Tonkin par de nombreuses et vieilles attaches suivra forcément sa fortune.

Ce sera l'apanage de nos petits-neveux.

INDO-CHINE

(Annam, Cochinchine, Cambodge, Laos)

Nous étions loin de supposer, lorsque nous avons entrepris l'étude du Tonkin, que nous provoquerions tant d'intérêt pour cette question coloniale. Nous ne pouvions nous permettre l'illusion que nos possessions d'outre-mer, en étant mieux connues, devraient bénéficier d'un tel revirement de l'esprit public en leur faveur.

Aussi, pour répondre au désir de nombre de nos lecteurs, nous faut-il jeter un coup d'œil rapide sur les autres parties de l'Indo-Chine, pour considérer l'ensemble de ce nouvel empire, estimant toutefois que l'exploitation de ces espaces immenses, quatre fois plus grands que la France, ne présente pas la même urgence que celle du Tonkin, en raison de son voisinage de Hong-Kong. C'en est bien sans doute un corollaire obligé, mais d'une réalisation moins imminente, plus longue, et soumise à l'enchaînement d'influences multiples et distantes.

On nous pardonnera donc de remettre à plus tard l'exposé de la combinaison qui peut réunir tous ceux qui veulent coopérer à l'œuvre patriotique de la mise en valeur de cette colonie par nos seuls capitaux.

Il n'est point d'ailleurs sans intérêt de connaître les ressources de ces diverses contrées, et les éléments particuliers qu'elles peuvent ajouter à la progression rapide du Tonkin.

La note sur l'Annam, que nous avons insérée dans notre précédent article, nous semble suffire. Ajoutons seulement que les nombreux cours d'eau tributaires du Mékong, qui prennent leur source dans la chaîne de montagnes côtières (1)

---

(1) Il est maintenant de notoriété que le versant de ces montagnes qui regarde le Mékong, est des plus riches en minéraux les plus divers. L'or domine dans la région d'Ato-Pou.

de l'Annam, étant très voisins de ses ports, seront appelés à jouer un grand rôle dans le développement du commerce de ce pays avec les contrées laotiennes.

Nous en reparlerons au sujet des voies de communications de l'Indo-Chine.

La Cochinchine (2 millions d'habitants) que nous possédons depuis 1860, occupe la pointe sud de la presqu'île indo-chinoise.

Parfaitement organisée, pourvue d'une luxueuse administration, elle arriva bien vite à une prospérité remarquable. Mais, depuis quelques années, à une stagnation forcée a succédé une crise que l'on va s'efforcer de combattre. Frappé de l'influence que les charbonnages du Tonkin pouvaient heureusement exercer sur la Cochinchine, M. le Gouverneur Général vient de lancer une lettre-circulaire dans le but de stimuler et l'administration et les colons à chercher un remède à cette situation pénible. La Cochinchine n'a que le riz et les cultures, susceptibles toutefois d'une très grande extension, pour ressource et aliment de son budget. L'industrie, à part quelques décortiqueries, a vainement tenté de s'y implanter. M. Piquet a pensé que la pénétration dans l'intérieur de l'Indo-Chine par le Mékong, en provoquant vers Saïgon une dérivation du commerce avec le Siam, pourrait améliorer l'état de choses actuel. Nous apprenons que la canonnière « Argus » vient de trouver un passage pour contourner les chutes de Khong (40 mètres) ; et ainsi se trouve résolue la question de la voie commerciale du Mékong vers le Laos.

Pour vaincre cet obstacle, une autre solution était d'ailleurs proposée et s'imposera en vue de faciliter le courant commercial : l'établissement d'un chemin de fer de 2 kilomètres pour mettre, aux basses eaux, les bassins inférieur et supérieur en communication.

D'autre part, les Messageries fluviales de Cochinchine, qui parcourent les nombreux bras du Mékong et du Donaï, et vont même jusqu'à Battambang, dans le Siam, ont fait construire à Nantes le « Bassac », bateau-type, que sa construction spéciale destine à un service au-dessus des cataractes de Préapatang, que l'on doit prolonger jusqu'à Luang-Brabant, l'hiver prochain.

Saïgon, la capitale de la Cochinchine, est une grande et belle ville. L'extension de la navigation sur le Mékong, en

faisant affluer les matières premières dans son port, va sans
doute la faire sortir de sa torpeur passagère, et la Cochinchine retrouvera la splendeur des vingt premières années.

Aux portes de Saïgon, Cholon, ville toute *céleste*, centralise
le commerce des riz de Cochinchine, que des Crésus chinois
exportent surtout en Angleterre.

Le percement de l'isthme de Kra, raccourcissant la route
vers la Chine de plus de 700 kil., deux jours de mer, pourrait
avoir sur Saïgon et sur Haïphong une influence considérable.
Ces deux ports bénéficieraient de tout ce que perdrait Singapore, en devenant l'un ou l'autre l'escale obligée entre
Colombo et Hong-Kong. Ce serait la résultante de l'exploitation des charbons du Tonkin. L'accroissement des relations
avec l'Extrême-Orient, la nécessité de raccourcir les distances,
de diminuer la durée des traversées, amèneront forcément la
coupure de cette étroite langue de terre (40 kil.).

Il suffirait, au cap Saint-Jacques, comme aussi dans la baie
de Tyen-Yen, pour y créer un mouillage ou port en eau pro-
fonde, de la construction d'un môle ou jetée. Ce que les Anglais
ont fait à Colombo, sur une côte exposée à tous les vents,
surtout à la mousson sud-ouest, où la mer est constamment
houleuse, serait bien plus facile au cap Saint-Jacques, dont
les mamelons protègent contre la mousson nord-ouest, ou à
Tyen-Yen, abrité de deux côtés.

On peut déduire de ce qui suit l'avenir qui attend nos ports
indo-chinois comme ports de transit.

Le mouvement de la navigation de Singapore est représenté
en 1889 par 20,897 navires pour un total de 6,622,000 tonneaux,
3,320,454 à l'entrée et 3,300,712 à la sortie. L'année 1890 est
en avance sur 1889 de 330,865 tonneaux. Pour Hong-Kong, le
mouvement de la navigation dans l'année 1889 est 61,338 navires
entrés ou sortis avec 12,572,691 tonneaux de marchandises.

Lorsqu'il y a trente ans nos amiraux s'emparèrent des bou-
ches du Mékong, ils ne pouvaient se douter qu'ils jetaient les
bases d'un nouvel empire colonial.

Le Cambodge, qui n'était, depuis 1861, que sous notre protectorat nominal, se trouve, depuis 1884, sous notre protectorat
effectif. Ce pays, placé entre les Siamois et les Annamites, qui
s'en disputaient les lambeaux, fut très heureux de notre arrivée
en Cochinchine (en 1860), qui fit rentrer les griffes de ses avi-

des voisins. Ce petit peuple, malgré quelques velléités de révolte aujourd'hui étouffées, s'accommode très bien de la direction que nous donnons au gouvernement de son roi Norodom. La ville de Pnom-Penh, sa capitale, est bâtie sur le Mékong, en une situation exceptionnelle, au point de jonction du grand fleuve avec le Toulé-Sap, le canal de déversement du grand lac de ce nom. Elle peut être appelée à un grand avenir commercial, lorsque la navigation à vapeur sur le Mékong donnera au commerce du Laos une nouvelle direction.

C'est au Cambodge que les inondations du Mékong sont les plus fortes. Des tranchées naturelles dans les berges distribuent dans le pays les crues qui le fertilisent et servent ensuite de canaux d'évacuation à la baisse des eaux. Le riz s'y cultive en abondance. Le coton y est de bonne qualité et sa culture pourrait y prendre un très grand développement.

Une Société vient d'entreprendre la plantation du tabac ; les résultats acquis sont de nature à encourager des imitateurs ; l'exportation des premiers produits s'est élevée au chiffre de près de 300,000 fr.

Les montagnes du Cambodge sont couvertes de superbes forêts et, dans les parties cultivées, au Pursat surtout, produisent de grandes quantités de vanille, de gomme-gutte et de cardamone.

Nous devons une mention spéciale au grand lac Toulé-Sap, qui a plus de 120 kilomètres de longueur. Son niveau, suivant les crues du fleuve, par un canal aussi de 120 kilomètres, se réduit, pendant la saison sèche, à moins d'un mètre. Il donne lieu à une industrie des plus remarquables. La pêche qui s'y fait alors, et qu'on peut appeler miraculeuse, approvisionne la consommation du royaume et fournit à l'exportation plus de 10.000,000 de kilogrammes de poisson séché sur ses rives. Le Cambodge, qui touche à la mer par un de ses côtés, n'a qu'un port sans grande importance : Kampot, au sud.

Ce pays. d'une surface de 100,000 kilomètres carrés, n'a qu'une population de 1,000,000 d'habitants. Mais, ethnologiquement, la race kmer occupe, en plus, 150,000 kilomètres carrés renfermant 1,500,000 habitants, dont le Siam s'est emparé par surprise.

A la fin du siècle dernier, les riches provinces de Battambang et d'Anckor appartenaient au Cambodge. Gia-Long faisait la

guerre au roi An-Chan, qu'il avait réduit à une sorte de vassalité. Les Siamois en profitèrent pour prendre ces provinces.
Une révolte du parti siamois, dans lequel les princes du sang
cherchaient un appui, fit céder par un gouverneur deux autres
riches provinces, Toulé-Repou et Melou-Pré, aux Siamois. Ce
pauvre Cambodge, passant successivement sous l'une ou l'autre
domination, finissait, pour être tranquille, par admettre la
double vassalité vis-à-vis de l'Annam et du Siam, les qualifiant
de père et mère du Cambodge (1846).

En 1860, la guerre allait éclater quand nous arrivâmes en
Cochinchine. Les choses changèrent de face. L'Annam rentra
dans les limites que nous lui imposions. Le Siam, ne se sou-
ciant pas d'avoir maille à partir avec nous, abandonna tout
projet sur le Cambodge. En 1863, nous y établîmes notre protectorat. Mais, en 1867, craignant une revendication et prévoyants
de l'avenir, grâce surtout aux conseils qu'il ne manqua pas de
recevoir de nos bons amis les Anglais, le Siam nous offrit
habilement de renoncer à sa prétendue suzeraineté sur le Cambodge, en échange de la reconnaissance de ses prétendus droits
sur les provinces annexées. Notre diplomatie, qui ne pouvait
prévoir les événements de 1874 et de 1884 au Tonkin et en
Annam, parut consacrer obligeamment la spoliation des deux
premières provinces. Il ne fut question ni de celles de Toulé-
Repou et de Melou-Pré, reçues d'un gouverneur rebelle, ni des
contrées de la rive gauche du Mékong, sur lesquelles notre
protégé actuel, l'Annam, avait des droits incontestables. Aucun
traité de la part du Cambodge n'avait cependant ratifié l'emprise
bien asiatique des Siamois. La race kmer s'étend jusqu'à Korat,
Sourène, Khoukane et Bassac, dans la riche vallée du Se-Moun,
tributaire du Mékong.

Jusqu'à ces dernières années, les cartes de l'IndoChine pré-
sentaient dans leur milieu un grand vide traversé par le
Mékong, avec, sur ses deux rives, cette mention: « Régions
inexplorées ». Ce grand blanc est presque complètement dis-
paru. C'est à l'intrépide constance de M. Pavie, notre consul à
Luang-Brabant, aux membres de la mission dont il est l'âme
que nous devons de connaître ces contrées d'une importance
sans égale pour servir de trait d'union entre nos diverses
possessions d'Indo-Chine.

Le Laos s'étend depuis Luang-Brabant sur les deux rives du

Mékong, et parallèlement à l'Annam qu'il côtoie, jusqu'à la Cochinchine. Les peuplades qui l'habitent, douces et hospitalières, ont subi tour à tour la domination de l'Annam et du Siam.

En dehors de la présence de certains commissaires royaux de Bangkok, placés, sans soldats, sans mandat précis, près des princes laotiens, bien habile serait celui qui pourrait déterminer à quelle suzeraineté, du Siam ou de l'Annam, doivent réellement obéir ces populations, indépendantes pour la plupart, nomades souvent.

Ce qui est incontestable, c'est que toutes payaient, récemment encore, comme le roi de Luang-Brabant il y a vingt-cinq ans, un tribut au roi d'Annam.

Comment et de quel droit les Siamois ont-ils imposé leur autorité et leurs mandarins qui sont le fléau de toutes ces contrées, où ils pratiquent la chasse à l'homme pour l'esclavage? Aussi notre arrivée sur le cours du fleuve sera-t-elle saluée comme un bienfait, comme une délivrance, et notre drapeau comme un signe de protection.

Il est à espérer qu'au fur et à mesure qu'une navigation régulière parcourra le Mékong, les commissaires siamois qui sont chargés de pousser les marchandises vers leur capitale s'empresseront de déménager sans avis préalable, comme le leur a si bien fait comprendre M. Pavie dans les environs de sa résidence.

Tout le Laos est très riche. De nombreux affluents viennent se jeter dans le Mékong. Le riz est surtout cultivé aux bords des fleuves. Les principaux produits sont le maïs, la canne à sucre, le bétel, l'indigo. Dans le Laos méridional, les aréquiers, les cocotiers, les mûriers, les ananas, le coton sont exploités sur une large échelle. Des forêts immenses couvrent de vastes espaces. L'arbre à caoutchouc est très commun dans tout le Laos.

La vigne sauvage se trouve partout chargée de grappes aux grains très serrés. La nature se charge elle-même de la taille; à la saison sèche, il ne reste que les racines et le collet qui, à la saison chaude, pousse des pampres vigoureux.

On a constaté en nombreux endroits d'anciennes exploitations d'arbres résineux, qui portent encore les traces des saignées.

Les grands centres populeux sont après Luang-Brabant,

Xien-Cang, Nong-Kay, Lakhone, Kemmarat et Bassac, qui sont autant de grands centres commerciaux. Un peu au-dessous des cataractes de Khong, l'on rencontre la ville importante de Stung-Treng, que par sa position l'on est obligé de considérer comme faisant partie du Cambodge. Il suffit de regarder la carte pour se convaincre que c'est le point naturel où doit aboutir et se centraliser le commerce du moyen et du bas Laos. Une rivière qui baigne cette ville conduit dans la riche région minière du plateau de Saravane, et passe à Ato-Peu (la ville d'or).

Grâce à l'influence siamoise, les marchandises, au lieu de prendre la route facile et courte de Pnom-Penh, s'en vont par monts et par vaux suivre la route de Bangkok.

Il est impossible, quand nos bateaux feront un service régulier sur le Mékong, que le trafic ne prenne pas la nouvelle et rapide direction de la Cochinchine. Aujourd'hui déjà, les navires des Fluviales reviennent (pendant trois mois) de Battambang chargés à couler bas des produits autrefois dirigés sur Bangkok. De même pour le haut fleuve, les producteurs préféreront écouler par cette voie, en trois mois, leurs produits de l'année que de les risquer sur les chemins longs et dispendieux de Bangkok.

Partout et toujours, nous trouvons installés les Chinois. Eux n'aspirent qu'après notre arrivée. Ils comprennent très bien qu'ils ont intérêt à entrer en relations avec les négociants étrangers, ne pouvant correspondre avec Paris et Londres sans le concours de l'Européen. Intermédiaires précieux, connaissant la langue, prenant épouse dans le pays, ils achètent et vendent dans de bien meilleures conditions que nous ne pourrions le faire. Aussi devrons-nous les protéger partout, trouvant en eux les agents, les courtiers indispensables.

Il nous sera facile d'établir notre influence dans cette magnifique vallée du Mékong, sur des populations tranquilles et pacifiques ; et nous pourrons procéder au développement de ces pays, faire accepter notre action civilisatrice par des ingénieurs, des industriels et des commerçants, bien plus persuasifs que les coups de canon.

Nous devons appeler tout spécialement l'attention et insister sur le climat de ces heureuses contrées. Plus de fièvres des bois, plus d'anémie inévitable comme en Cochinchine. A partir

de Samboc règne une salubrité parfaite. Il est vrai de dire que
la température est sensiblement inférieure à celle du Delta du
Mékong et du Donaï. Les nuits sont fraîches, les couvertures
nécessaires ; si l'été présente quelquefois des chaleurs allant
jusqu'à 35°, l'hiver, le thermomètre se tient longtemps au-
dessous de 10° et la neige blanchit le sommet des montagnes
du Haut-Laos. Aussi, est-il à augurer que, quand nous aurons
mieux exploré le pays, quand nous l'aurons mis en communication avec la côte, il sera très facile de créer dans la vallée
du Mékong, sur les plateaux voisins, qui sont propres à toutes
les cultures, à toutes les plantations, une colonie de peuplement
d'un très grand avenir au milieu de ces paisibles populations.
Grâce à la mauvaise réputation climatérique, méritée d'ailleurs, de la Cochinchine, il s'est constitué pour toute l'Indo-
Chine, et particulièrement pour le Tonkin, cette légende de
climat meurtrier, aussi absurde qu'erronée, contre laquelle
on ne saurait trop protester et réagir dans l'intérêt de notre
colonisation. Aussi saisissons-nous cette occasion avec plaisir
et en pleine connaissance de cause. Il faut absolument détruire
dans le public cette fâcheuse impression. Les membres de la
mission Pavie, quoique venant parfois à manquer du confor-
table indispensable dans ces pays perdus, y ont circulé facilement, bien portants, rencontrant partout l'obligeance. Nous
tenons d'autres voyageurs des renseignements identiques. La
première et essentielle condition de santé dans ces régions,
c'est la sobriété en toutes choses. Quant au Tonkin, nous
savons plus d'un de ses colons qui, après plus de six ans de
séjour d'une seule traite, font, par cette température rigoureuse, meilleure figure contre le froid que les plus robustes
Parisiens.

Toutes ces riches provinces laotiennes se trouvent dans la
vallée du Mékong. De temps immémorial elles ont payé le
tribut à l'Annam ; politiquement et géographiquement, elles
sont à nous ; commercialement elles ne peuvent appartenir à
d'autres. D'ailleurs, l'art. 6 du traité de 1867 avec le Siam,
nous reconnaît la libre navigation sur le Mékong. Il est de
notre intérêt et de notre dignité de réclamer une délimitation
de frontière rationnelle et exempte de contestation ultérieure.

C'est en profitant des dissensions dynastiques de l'Annam,
de ses luttes avec le Tonkin et avec nous, que le Siam s'est

avancé subrepticement, par ses commissaires royaux jusque
sur la rive gauche du Mékong, dans ces riches provinces voi-
sines de l'Annam. Il faut pourtant bien constater que l'autorité effective et absolue du roi de Siam n'existe que dans
la vallée du Meïnam. Au-delà de la chaîne qui court de Petriu à
Xieng-Cang, ligne de partage des eaux entre le Meïnam et les
bassins du Se-Moun et du Toulé-Sap, affluents du Mékong, il
n'a plus qu'un droit usurpé ou peu défini. C'est par là que
devra forcément s'élargir notre sphère d'influence.

D'ailleurs, au point de vue politique et économique, il est
nécessaire que nous utilisions le cours du Mékong. Nous établi-
rons ainsi, d'une façon toute pacifique, notre influence au Laos,
et nous arriverons à attirer vers la Cochinchine et le Tonkin le
courant commercial qui passe exclusivement par Bangkok.

N'oublions pas que si nous ne remontons pas le Mékong,
une autre puissance le descendra!

Le but principal que nous avons surtout à viser, c'est de
relier entre elles toutes ces diverses régions de l'Indo-Chine
pour en faire un tout compact et parfaitement homogène.
Nous devrons, sur ce vaste ensemble, créer un réseau de
voies commerciales, de moyens de transports pour drainer les
produits divers, concentrer les matières premières aux villes
industrielles et faire affluer dans nos ports les richesses incalculables que cachent toutes ces contrées, jusqu'à ce jour
insuffisamment explorées.

En dehors des deux grandes artères, le Mékong et le Fleuve-
Rouge (ces routes qui marchent), la nature a ménagé à ce pays
privilégié d'autres portes de sortie permettant d'utiliser les
côtes échancrées, les rades abritées de l'Annam.

Les affluents de la rive gauche du Mékong pénètrent dans le
cœur de l'Annam, non loin des rivages de la mer, avec laquelle
ils établissent des communications faciles et indiquent ainsi
le tracé des chemins de fer futurs.

Le *Blâ*, qui se jette à Steng-Trung dans le Mékong, prend sa
source près de Quin-Hone.

Le *Chan*, son confluent, parcourt la riche région minière,
surtout aurifère, d'Ato-Peu, venant du Quang-Nam, route de
Tourane et de Hué que dut suivre le Dr Harmand dans son
voyage du Mékong à Hué.

Le centre commercial le plus rapproché de la côte est *Lakhône,*

que deux voies, partie fluviales et partie terrestres, étudiées
par la mission Pavie, mettent en communication avec *Vinh*
en treize jours. Un chemin de fer (1) entre ces deux points met-
trait le Mékong moyen à vingt-quatre heures de la mer, à
trente jours de Marseille, et tout le bassin du grand fleuve
à la portée de notre commerce. Ces trois voies importantes
réclament une étude urgente.

Dans le Haut-Laos, la mission Pavie a déterminé et tracé les
routes qui, rejoignant la rivière Noire, doivent amener vers le
Tonkin tout le commerce qui se dirige actuellement vers le
Siam, par Pac-klaï et Outaradit.

Ces routes relient les deux grands bassins du fleuve Rouge
et du Mékong et complètent l'ensemble des communications
terrestres, fluviales et maritimes, qui placent notre empire
Indo-Chinois dans des conditions exceptionnelles.

On voit le vaste champ d'action qui s'ouvre devant nous.
Que les capitaux disponibles, que l'emprunt vient de dénoncer
si nombreux, entrent en lice! Que les pouvoirs publics donnent
la main à l'initiative privée! Et il se passera peu d'années
avant que nous ayons obtenu des résultats tels que, si l'Inde
de l'illustre Dupleix peut s'appeler le plus beau joyau de la
couronne britannique, nous pourrons nous en consoler, par la
prospérité et la richesse de la presqu'île indo-chinoise.

---

(1) Nous apprenons qu'il est décidé en principe.

CONCLUSION GÉNÉRALE

L'Indo-Chine, comme nous l'avons vu, présente pour de longues années des éléments variés et fertiles à notre activité commerciale et industrielle. Personne, si prévenu ou si peu clairvoyant qu'il soit, après nous avoir suivi sur la carte, ne pourra nier que la France ait eu la main heureuse pour son extension coloniale, en jetant son dévolu sur une contrée si riche d'espérances. Mais tous les espaces que nous avons parcourus dans notre dernier article ne peuvent être l'objet d'une appropriation immédiate ; ils constituent la réserve de l'avenir. Ce qui peut et doit faire l'objectif de nos préoccupations actuelles, c'est le Tonkin. C'est lui qui doit s'inscrire le premier en date pour l'émulation des capitaux. Il suffit à lui seul au présent, trop riche même pour que nous puissions y jeter tous les millions que son exploitation est susceptible de faire fructifier. Dans l'exposé, seulement sommaire, que nous avons mis sous les yeux de nos lecteurs, ils ont pu juger quelles ressources présente ce magnifique pays, par la densité de ses richesses, son exceptionnelle position géographique, et les voies extérieures qu'il nous ouvre.

Qu'est-ce, en effet, que les sociétés de Kebao, d'Hone-Gaye, de Dong-Trieu, même avec les dizaines de millions qu'elles représentent, sinon quelques gerbes dans l'ample moisson que nous avons à récolter ?

Ce qu'il est urgent de créer au Tonkin, c'est un grand centre industriel, un vaste champ de production dont tout l'Extrême-Orient deviendra le débouché.

L'immense empire chinois qui s'ouvre si difficilement, mais fatalement aux progrès modernes, les Indes Néerlandaises, les Philippines dont le développement est prodigieux, feront au Tonkin outillé, possédant le charbon et les matières premières, une clientèle immédiate et inépuisable.

On sait la concurrence que se font les établissements métallurgiques anglais, allemands, américains et français pour les travaux en Chine et les fournitures de matériel !

. Quelle diplomatie n'ont pas dû déployer nos compagnies françaises pour enlever de haute lutte à leurs rivaux la construction des ports de Tien-Tsin et de Port-Arthur !

Notre colonie a cette bonne fortune d'être soudée aux flancs de la Chine, et de posséder par sa position de précieux avantages contre ses compétiteurs à l'accaparement d'un marché si étendu, et plein de promesses. Outillons-le donc; que les capitaux le mettent à même d'être prêt à tous les événements, de tirer bénéfice de tous les progrès qui ne vont pas tarder de se faire en Orient.

Si les capitalistes anglais n'ont pas hésité à profiter de notre indifférence impardonnable, et à prendre une place qui n'aurait jamais dû être libre, croit-on que, dans ces têtes saxonnes si positives, si prévoyantes de l'avenir, n'existe pas l'arrière-pensée d'un événement quelconque qui leur permettrait d'être là, tout prêts, pour saisir incontinent notre succession, et en tirer à leur manière les gigantesques profits qu'ils entrevoient et qu'ils convoitent ?

Leçon pour nous pleine d'enseignements, avertissement que nous ne pouvons avoir la légèreté de négliger ! N'allons pas commettre la faute de nous exposer à leur avoir préparé le Tonkin, comme le Canada et l'Inde, de si regrettable mémoire !

Nous l'avons, gardons-le ; mais surtout tenons-le bien par nos capitaux, et n'en laissons plus distraire une parcelle par de dangereux et puissants rivaux. Notre devoir est de ne pas condamner nos colons qui depuis si longtemps luttent et attendent l'appui des capitaux de la Métropole, à en être réduits, en désespoir de cause, à aller frapper à la porte des étrangers.

Voilà la belle mission qui est offerte aux capitalistes français. C'est leur affaire d'aider à réaliser cet avenir ; et l'on peut, sans témérité comme sans exagération, appeler fantastiques les résultats qu'ils y obtiendront.

Au lieu de se livrer à l'agiotage, avec tous les risques d'une perte totale toujours menaçante, dont les exemples sont malheureusement si nombreux dans ces dernières années, ils trouveraient là une sécurité parfaite et un profit assuré. Jusqu'à ce jour, en quête d'un revenu plus rémunérateur, ils ont trop prêté l'oreille aux sollicitations de l'étranger, et se sont laissés entraîner à des placements dont la dépréciation, avec le danger qu'offrent les finances compromises ou ruinées de nos voisins, menace nos rentiers de bien terribles déceptions.

Malgré les pertes, les désastres, le nombre va toujours grossissant des gens embarrassés pour leurs placements, et s'exposant aux pires aventures pour ne point diminuer leurs revenus.

Or, nos financiers, en présence du succès du dernier emprunt couvert 17 fois, de la quantité énorme de capitaux disponibles, prévoient encore une nouvelle décroissance du taux des intérêts. Tous les Etats se préoccupent de procéder à des conversions de leurs dettes qui puissent atténuer leurs charges, et c'est l'avilissement du prix de l'argent qui les y convie ; bientôt il ne restera plus à fournir plus de 4 0/0, que les fonds ou les affaires les plus discutables auxquels ne pourront s'adresser que des prêteurs inconscients ou trop aveuglément aventureux.

Aussi les capitalistes intelligents, désireux de placements raisonnables, s'effraient-ils de l'avenir, qui leur ménage de plus en plus de difficultés pour l'emploi sortable de leurs capitaux. Il devient ainsi actuellement impossible de trouver sur le marché des valeurs, des titres qui puissent produire d'une manière certaine de 5 à 6 0/0.

Qu'en peut-on conclure ?

Si la hausse continue des bonnes valeurs est le signe certain de la prospérité publique, elle n'en fait pas moins constater qu'il y a pléthore de capitaux disponibles, stagnation de l'esprit d'entreprises, atonie des idées d'initiative, de création et de recherche. On préfère se contenter de 3 à 4 0/0 sur des valeurs de premier ordre connues, indiscutables, que de rechercher les gros bénéfices dans les affaires à créer, dont la réussite a le minimum d'aléa. C'est la marque d'un manque d'énergie, l'indice de cette paralysie d'action que produit fatalement un trop grand bien-être.

Pour nous, nous estimons que nos colonies offrent justement ces plus-values considérables dont les capitaux finissent par se déshabituer. Dans ces riches contrées, des entreprises, des exploitations intelligemment organisées, sagement conduites donneraient indubitablement comme minimum un revenu sûr de 20 à 25 0/0, en laissant toute la marge aux rendements extraordinaires, aux succès si fréquents dans ces pays nouveaux et favorisés. Ne voit-on pas journellement des gens, partis de rien, ou n'ayant que de faibles moyens, mais de l'intelligence, de l'activité, revenir des colonies, après quelques années, avec une situation et une fortune auxquelles notre organisme social encombré leur aurait interdit de prétendre. Et nous n'envisageons que les affaires et les industries ordinaires. Tous nos lecteurs savent ce qu'on peut attendre des mines et du charbon, qui dès les premières années rendent jusqu'au décuple du capital engagé ; nous n'y insisterons pas.

Eh bien, ce revenu rémunérateur, que les capitaux ne trouvent plus, cette sécurité qui se fait de plus en plus rare, les bénéfices copieux et certains, qui sont de l'histoire ancienne, nous estimons avoir démontré que le Tonkin renferme tous les éléments pour les fournir, répondre à tous desiderata, et dépasser même les prévisions les plus audacieuses.

Convaincus *de visu* et par expérience de sa très réelle valeur, nous n'avions pu résister au désir de faire apprécier cette colonie, jusqu'à ces derniers temps si décriée, si méconnue. C'est à dessein que nous nous sommes tenus éloignés de toute récrimination rétrospective sur les fautes commises, les responsabilités encourues, pour ne tenir compte que de la valeur intrinsèque de la conquête, de son avenir, seule question intéressante pour la France et pour ses capitaux.

Le hasard a voulu que cette étude vînt au moment psychologique où l'apaisement se faisait sur ce nom du Tonkin, où la volonté de le féconder était formellement exprimée par la Chambre, où plus de curiosité et de sympathies se manifestait pour les questions coloniales.

Nous avons la conviction d'avoir intéressé, d'avoir éveillé l'attention de bons patriotes qui ne se doutaient pas qu'à 4,000 lieues se trouvait une terre neuve que nous n'avions qu'à défricher pour en tirer toutes sortes de richesses, et surtout que les Anglais, plus avisés, guettaient toutes les occasions d'y prendre pied et de s'y implanter.

Il fallait à tout prix sortir la Métropole de son ignorance à ce sujet, détruire ses fausses préventions contre un pays que la politique avait dénaturé, pour la décider à venir cueillir ce beau fruit mûr.

Eh bien ! notre avertissement, notre appel ont été entendus. De tous côtés nous sont venues des approbations de notre

campagne, des félicitations de notre tentative. On nous a pour
ainsi dire mis en demeure de réaliser le programme que nous
n'avions fait qu'ébaucher. Les capitaux nous assurent de leur
appui, et se montrent disposés à prendre part à toute combinaison que nous voudrions proposer pour l'exécution de tels
projets. Ce ne sont pas seulement de modestes coopérations,
des concours individuels qui nous sont offerts. La Haute Banque
elle-même s'est émue, et n'a pas hésité à nous proposer ses ser-
vices pour nous seconder dans cette œuvre. Confiantes dans les
résultats à obtenir, plusieurs puissantes maisons financières
réclament une participation dans une affaire où l'on peut
espérer de gros bénéfices, dans une entreprise nationale et
patriotique.

Il était impossible de ne pas s'inquiéter et s'instruire de
l'invasion si spontanée et si encombrante des capitaux anglais
dans une colonie qui nous a coûté si cher. Avec leur instinct
mercantile, si pratique, ils ne pouvaient, s'est-on dit, qu'avoir
flairé une bonne affaire, en s'insinuant ainsi dans un pays plein
de promesses, et en cherchant, n'en ayant pu faire la conquête
avec leurs soldats, à l'envahir avec leurs dollars.

Le bon sens français ne pouvait s'y méprendre longtemps et
ne pas finir par reconnaître que laisser s'enrichir chez nous
l'étranger c'était nous appauvrir.

Nous sommes heureux d'avoir contribué à ce réveil de l'intelligence des intérêts français, et d'avoir ainsi apporté notre
modeste pierre à la consolidation de notre édifice colonial.

*
* *

Sollicités de tous côtés de nous prononcer sur le mode le plus pratique et le plus favorable au groupement des capitaux, dans le but de tirer parti des ressources de notre colonie du Tonkin, nous nous sommes arrêtés à la création immédiate d'une première Compagnie, au capital de 10,000,000 de francs, divisé en 2,000 actions de 5,000 francs, sous le nom de : **SOCIÉTÉ FRANÇAISE COLONIALE INDO-CHINOISE.**

Ce n'est pas que le Tonkin ne doive absorber, pour sa mise en valeur, des capitaux beaucoup plus considérables. Aussi cette Société n'est-elle qu'une première étape, le développement de ses opérations devant plus tard déterminer dans quelle proportion il sera judicieux et utile de faire appel plus grandement au public.

C'est une sorte de syndicat dans lequel nous convions à entrer tous ceux qui sont désireux de faire sûrement et largement fructifier leurs capitaux. La souscription à ces actions devenant comme une participation dans une affaire, qui doit, en peu de temps, prendre une très grande extension, il nous a paru logique de fixer dès l'abord à 5,000 fr. le chiffre des actions d'une première émission, sauf à en faire plus tard la division en cinquièmes ou dixièmes, et pour ne pas s'exposer, par la création de titres trop légers, à des fluctuations de Bourse, nuisibles au prestige d'une Société appelée à un grand avenir.

Il est très rare de pouvoir, dès la création d'une affaire, s'y intéresser au même titre et concurremment avec les fondateurs. Très souvent, pour ne pas dire toujours, l'association primitive, qui précède le développement complet d'une entreprise, et le lancement du capital social définitif, est conclue entre quelques privilégiés, qui recueillent par une majoration à l'émission, la plus forte partie des bénéfices.

Nous avons voulu, par une combinaison particulière, ménager cette occasion rare à notre clientèle. Nos lecteurs nous sauront gré de leur fournir ainsi le moyen d'entrer avec nous, dès l'origine, dans une affaire pleine d'avenir, dans une entreprise où ils trouveront rapidement des bénéfices exceptionnels.

Une clause spéciale des statuts de la Société réserve à ses souscripteurs, à titre de fondateurs, un privilège de participation dans toute transformation ou augmentation du capital social, dans toutes les créations émanant d'elle.

On a pu juger par la lecture de l'étude sur le Tonkin que nous marcherons en pays connu. Ayant entre nos mains tous les documents nécessaires, les renseignements les plus certains, nous n'aurons pas à subir les retards d'un examen du pays, de recherches longues et incertaines ; nous pourrons aller au but sans tâtonnements ni indécision.

La Société pourra ainsi s'assurer de suite des éléments d'action qui ont été signalés au cours de cette étude, et sur lesquels nous possédons les données les plus précises, prises sur les lieux mêmes.

L'Administration, qui est on ne peut mieux disposée à encourager les entreprises destinées à développer l'essor colonial, réserve, il nous en a été donné l'assurance, d'ores et déjà tout son appui à notre tentative et favorisera, par tous les moyens dont elle dispose, les efforts et la marche au succès de notre Société.

C'est dans ces conditions que nous faisons appel à tous ceux qui voudraient s'associer, dès la première heure, à une œuvre à la fois sûrement rémunératrice (1) et éminemment nationale.

Les déclarations de souscription à un nombre quelconque

---

(1) Les actions de Hone-Gayo, émises à 500 francs, toutes entre des mains anglaises, cotent à Hong-Kong 700 piastres, soit 3,000 francs. Et cependant on n'a pas encore vendu une tonne de charbon.

Les actions de Kebao, société française, aussi émises à 500 francs (250 fr. versés), à peine apparues sur le marché de la Bourse de Paris, sont tres en faveur aux environs de 1,500 francs, quoiqu'on ne puisse être en pleine exploitation avant 1893.

Ces chiffres sont éloquents ; ils montrent combien on escompte l'avenir du pays.

Un succès au moins égal est réservé à l'action Société française coloniale indo-chinoise, dont la valeur décuplera rapidement.

d'actions devront être adressées au siège social provisoire, 9, rue du Louvre. Les fonds du premier quart de la souscription devront être envoyés à M. EDGARD CIRCAUD, BANQUIER, 9, RUE DU LOUVRE, PARIS.

Un récépissé sera envoyé par retour du courrier.

Un avis personnel avisera chaque actionnaire de la date de la première Assemblée, que nous ferons aussi prochaine que possible.

E. CIRCAUD

Banquier, 9, rue du Louvre, Paris.

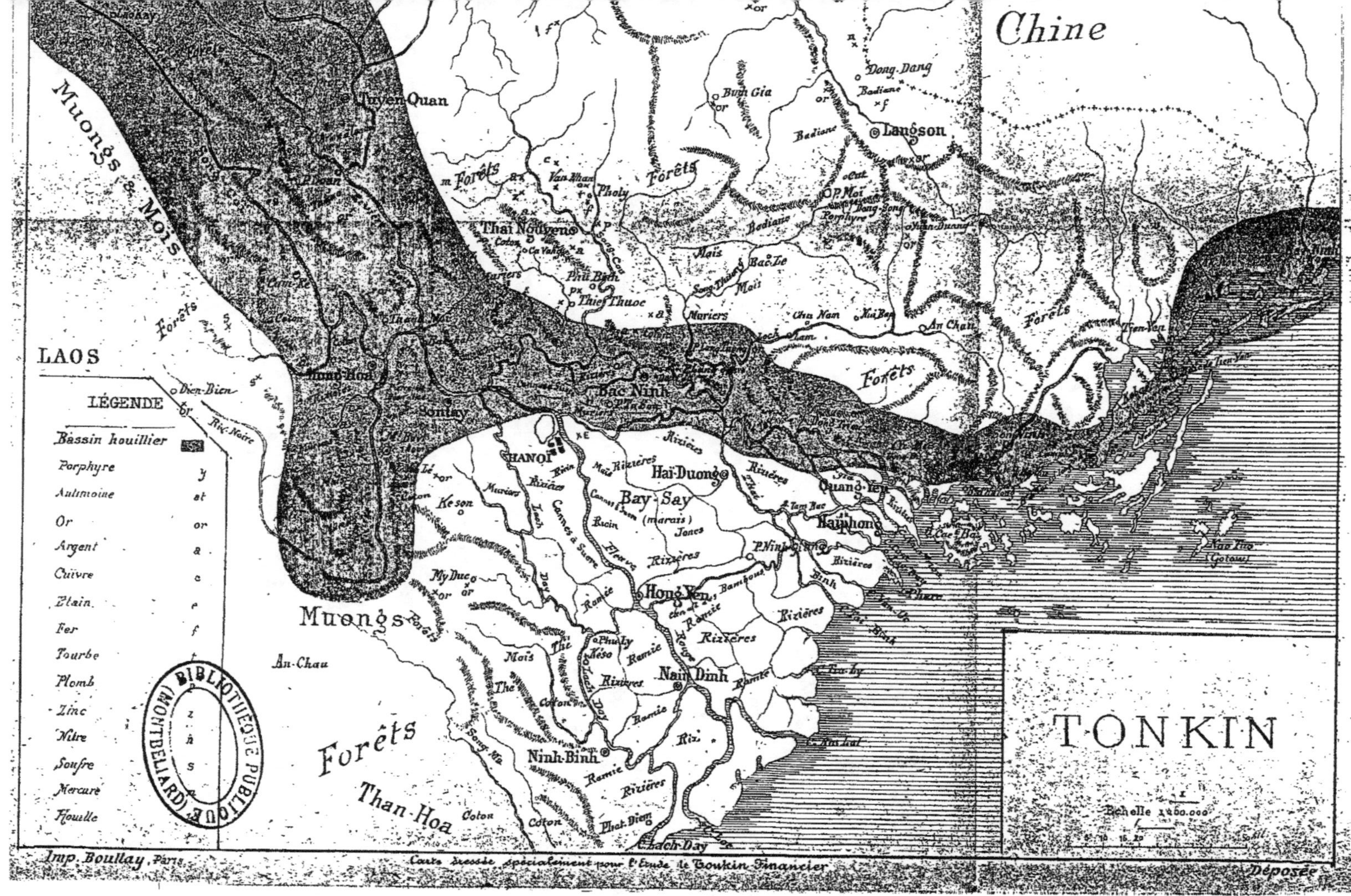

Chine
TONKIN
LAOS
Muongs & Mois
Muongs
Forêts
Forêts
Than-Hoa
Tuyen-Quan
Langson
Dong-Dang
Bunh Gia
Thai Nguyen
Phu Binh
Thief Thuoc
P. Moi
An-Chau
Tien-Yen
Bac-Ninh
Sontay
HANOI
Hai-Duong
Quang-Yen
Bay-Say (marais)
Haiphong
Hong-Yen
Phu-Ly
Keso
My-Duc
Ke son
Nam-Dinh
Ninh-Binh
Phat-Diem
Bach-Day
An-Chau
Rizières
Coton
Mais
Muriers
Cannes à Sucre
Ramie
Bambous
Dien-Bien
Riv. Noire
LÉGENDE
Bassin houillier
Porphyre
Antimoine   y
Or   at
Argent   or
Cuivre   a
Etain   c
Fer   e
Tourbe   f
Plomb   t
Zinc
Nitre
Soufre
Mercure
Houille
N
Imp. Boullay, Paris.
Carte dressée spécialement pour l'Étude du Tonkin Financier
Déposée
Échelle 1:800.000
BIBLIOTHÈQUE PUBLIQUE (MONTBÉLIARD)

KEI-TCHÉOU
KOUAN-SI
KOUANG-TONG
YUN NAN
Yun-Nan-Fou
Mong-Tsé
Mang-Haï
Lao-Kay
Cao-Bang
That-Khé
Long-Tchéou
Bang-Son
BIRMANIE
MANDALAY
Tcholi
États Shans
TONKIN
Hanoï
HAI-ZUONG
Golfe du Tonkin
Détroit de Haïnan
HAI-NAN
Luang-Prabang
Tay-Ninh
Nghé-An
XIENG-MAI
Pak-Lay
Xieng-Kang
Nong-Kaï
Lakhon
HUE
Outaredit
Pitchaï
ANGOUN
MAULMEIN
SIAM
Si
Minarad
RANGOUN
MARTABAN
Tenasserim
Pakham-Pô
Korat
Santère
S.Mokn
Pukhoun
Bassac
Plateau de Saravan
Atopen
Cataractes
Konkane
Khong
Quí-Nhone
BANGKOK
Pakham
Petriu
Ang-Kor
Mélou-Prey
Stung-Treng
Kong-Kan
Kratié
ANNAM
Qui-Nhone
Nhatrang
Batambang
Lac Tonlé-sap
Pursat
Sambor
CAMBODGE
GOLFE
DE
SIAM
ISTHME de Kra
Phnom-Penh
SAIGON
Binh-Thuan
Cam-Ranh
Kampot
COCHINCHINE
I. Phu-Quoc
Poulo Condore
Presqu'île de Malacca

CARTE
Physique et Politique
DE
L'INDO-CHINE
Limites de l'Indo-Chine   ++++++++